НОВАЯ КОЖА

Novaya Kozha is a literary and arts magazine published by Koja Press.

Copyright © 2010 by Koja Press.

All rights reserved.

All rights revert to authors upon publication.

Volume #3.

This issue is published with the generous financial support of Boris Lurie Art Foundation, New York.

ISSN 1939-0645

ISBN 978-0-9773698-6-7

Cover collage by Leonid Drozner.

Logo by Igor Satanovsky & Ilya Metalnikov.

Interior design by Igor Satanovsky.

Electronic version of Novaya Kozha: http://nk.kojapress.com

E-mail: nk@kojapress.com

Koja Press web site: www.kojapress.com

ЛИТЕРАТУРНО-ХУДОЖЕСТВЕННЫЙ АЛЬМАНАХ №3 2010

РЕДАКЦИЯ

Леонид Дрознер, Нью-Йорк
Игорь Сатановский, Нью-Йорк
Олег Ярошев, Нью-Йорк

РЕДКОЛЛЕГИЯ

Ваграч Бахчанян, Нью-Йорк
Григорий Капелян, Нью-Йорк
Юрий Милославский, Нью-Йорк
Алексей Сосна, Москва
Александр Шнуров, Пенсильвания
Михаил Юпп, Филадельфия

Корректор: Юлия Переяслава
Коллаж на обложке: Леонид Дрознер
Логотип: Игорь Сатановский и Илья Метальников
Макет: Игорь Сатановский

*В альманахе использованы материалы из архива
Ваграча и Ирины Бахчанян, Григория Капеляна,
Генриха Худякова, и Boris Lurie Art Foundation*

Сетевая версия альманаха: http://nk.kojapress.com
Электронный адрес редакции: nk@kojapress.com

[КОЖА ПРЕСС]

НЬЮ-ЙОРК — МОСКВА

Новая Кожа

Литературно-художественный альманах — М.: «Новая Кожа», №3, 2010. — 252 с.: ил.

№3 издан при финансовом содействии
Boris Lurie Art Foundation, Нью-Йорк.

ISSN 1939-0645
ISBN 978-0-9773698-6-7

Copyright © 2010, Koja Press. All rights reserved
© «Новая Кожа», 2010.

Перепечатка материалов без указания источника запрещена.

СОДЕРЖАНИЕ

ВАГРИЧ БАХЧАНЯН 7
    Юрий Милославский. *На смерть Баха. К девятому дню* 8
    Александр Генис. *Памяти Бахчаняна* 11
    Татьяна Бахмет. *Бахчанян как миф* 12
    Леонид Дрознер. *Кто такой Вагрич Бахчанян* 41
    Вагрич Бахчанян
        Художества 44
        Из книги «154 Сочинения»: №39-№59 66

ГЕНРИХ ХУДЯКОВ 95
    Римма и Валерий Герловины. *О Генрихе Худякове* 96
    Виктор Тупицын. *Генрих Худяков* 100
    Юрий Милославский, Игорь Сатановский.
        Первые худяковские беседы (май 2010 г.) 106
    Генрих Худяков
        Из альбомов «Автограф» и «Кацавейки» 113
        Художества 123
        Лаэртид (драмоэма) 137
        Переводы из Эмили Дикинсон 173

БОРИС ЛУРЬЕ И NO!ART 180
    Константин Кузьминский. *Из эссе «Борис Лурье и NO!Art»* 182
    Том Вулф. *Местный ваятель Сэм Гудман*.
        Перевод с английского Григория Капеляна 210
    Борис Лурье
        Стихотворения из книги «Geschriebigtes / Gedichtigtes».
            Перевод с немецкого Бернхарда Замеса и Елены Сазиной 201
        ГОВ-NO! Перевод с английского Григория Капеляна 217
        Художества 233

ВАГРИЧ БАХЧАНЯН (1938-2009)

Какой идиот сказал, что красота мир спасёт?

В. Бахчанян

ЮРИЙ МИЛОСЛАВСКИЙ (НЬЮ-ЙОРК)

НА СМЕРТЬ БАХА. К ДЕВЯТОМУ ДНЮ

Вечная Память.

Но для всего того, что зовется личными воспоминаниями, сроки, видимо, не пришли: я еще ничего не помню.

У меня нет никаких воспоминаний, а есть *настоящее время действия*: в пределах ранней осени нынешнего 1965 года. Водичка в фонтане «Зеркальная Струя» плещет, а хоть бы и струится, — нам ли бояться плеоназмов, — плакучие ивы создают свои звуковой и световой эффекты попеременно. А мы все курим-курим-курим сигареты «Opal» — и предаемся свободной и ленивой беседе с перебросом. На Эде Лимонове, лишь недавно средь нас возникшем, — элегантный костюм цвета ячменного кофе с молоком. На Бахе, который сейчас рассказывает, как был им получен автограф витебского комиссара по делам искусств Марка Шагала — его редчайшая по тем временам джинсовая пара: чумарка и штаны. Я слышу историю о комиссаре Шагале уже не в первый раз, но не вижу лица рассказчика. Да и чего присматриваться, забыл, что ли? — это же Бах, Вагрич, он же «Тигрич».

История идет сама по себе, а меня привлекает странная и тревожная, отрывистая смена теней, образуемых ветвями плакучей ивы. Судя по ней получается, будто бы дерево охвачено бешеным, постоянно меняющим направление, ураганом. Но ведь нет не только что урагана, нет почти и ветерка, на дворе — изначальный сентябрь, и мой день рождения недели через три, не прежде.

Тогда я уже знал, что ива-то, как и всякое растение — она отлично понимает, что делает, и ее тревога не забывалась мною до самого вечера. Но ничего хоть сколько-нибудь заметного не случилось, — и это охваченное смятением и беспокойством древо явилось мне вновь лишь через сорок пять лет без малого.

Вскоре мы перебрались в кафе-«пулемет», где нами был выпит обязательный, едва ли не ритуальный, — а то зачем бы пить его по доброй воле? — тройной с одинарным сахаром espresso, изготовленный солидным, напоминающим старинный локомотив из учебника физики, кофейным автоматом.

За последние несколько суток я узнал много нового и интересного о моем почившем старшем друге Вагриче Акоповиче Бахчаняне. Мне, к примеру, сообщили, что он карикатурист и афорист. Поведали — в чем состоит его главное творческое достижение: Бах, как известно, придумал псевдоним Эдуарду Вениаминовичу Савенке, и это обстоятельство до того воздействовало на журналистов, что одну из некрологических заметок назвали так: «Умер автор псевдонима писателя Лимонова».

Нет ни малейшего сомнения, что именно в подобном же духе и продолжат поминать Бахчаняна. Но кто бы не навязывался ему в душеприказчики, я возражать не стану: пускай себе всеми правдами и неправдами живут не по лжи.

Меня сейчас занимает нечто иное: незамедлительно и по возможности кратко определить: кто таков Вагрич Бахчанян.

В юношеском, и оттого не вполне ловко устроенном, стихотворении В. Я. Брюсова говорится: «Быть может, все в жизни есть средство/для ярко-певучих стихов...» Чтобы это знаменитое утверждение утратило неизбежный налет банальности, следует обрушить всю силу логического ударения на слово «средство». Не «цель», стало быть, но значительно больше — СРЕДСТВО. Тогда брюсовская максима превращается во вступление к рабочей инструкции по изящным искусствам. Остается лишь выяснить — каким образом превращать «все в жизни» в это самое средство для ярко-певучих стихов.

Этим умением **выяснять** — владеют немногие специалисты, которым отпущен от Бога дар *понимания механизмов перераспределения всего в жизни — в явления искусства.* Именно такими делами и занимался мой старший друг Бах, Вагрич-Тигрич, чуть ли не от самого беспечального детства.

Вагрич Бахчанян, — прежде всего прочего и всего очевидного, — был *создателем направлений* в искусстве, т.е. *главным конструктором.* Он, таким образом, создавал эссенции, или, если угодно — многомерные рабочие модели того, что — освоенное и усвоенное, а значит — несколько «разжиженное» получившими эту модель (эту эссенцию) мастерами-поварами разных способностей — передается затем в распоряжение потребителей.

О главном конструкторе потребители либо толком не знают, либо — если им предложат хлебнуть эссенции — обжигают языки.

И в этом состоит трагедия главных конструкторов.

А вот теперь, и уже навечно — Вечная Память.

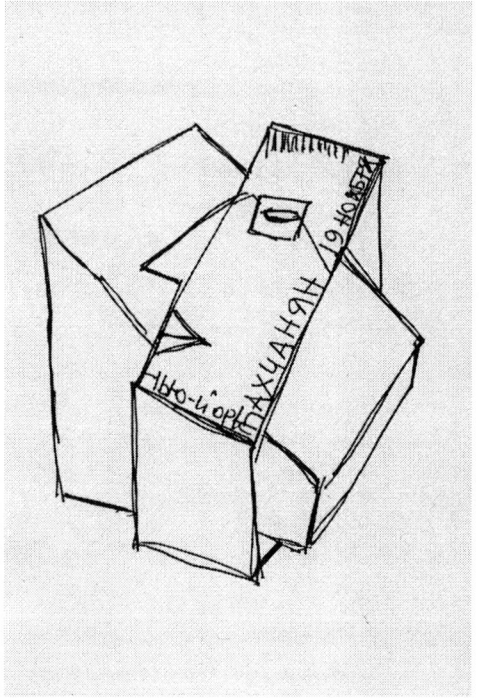

Рисунок А. Гениса

АЛЕКСАНДР ГЕНИС (НЬЮ-ЙОРК)

ПАМЯТИ БАХЧАНЯНА

«Лишний человек звучит гордо». Как всегда у Бахчаняна, каламбур разрывается смехом и начинен философией. Лишнее — это свобода, и Вагрич берег ее всю жизнь, ибо был самым принципиальным человеком в истории искусства. Он был его рабом и хозяином. Покоряясь искусству, себе он оставлял свободу, деля ее только с любимой музой — женой Ирой. Бахчанян осознано и мужественно выбрал трудную и завидную судьбу. Он делал всегда, давайте повторим: всегда, только то, что хотел. Не было на него ни Политбюро, ни Папы.

В красном уголке харьковского завода «Поршень» вместо Ленина Вагрич создал омаж Джексону Поллаку. Раздав рабочим дырявые ведра с разноцветной краской, он научил их весело метаться по линолеуму цеха до тех пор, пока пол не стал горизонтальной фреской в авангардном стиле «дриппинг». Такого не было и в Америке.

Из Харькова Вагрича выгнали. В Москве он стал любимцем лучшей точки столицы — «Клуба 12 стульев» при «Литературной газете». Однажды на помощь редакции пришел майор. Его солдаты создали музей абсурдных вещей Бахчаняна. Среди них были, например, ножницы. Одно лезвие кончалось ложкой, другое — вилкой.

На Западе Вагрич вел себя не лучше: он не терпел ни насилия, включая коммерческое, ни влияния, особенно — дружеского. Довлатов, который к Вагричу относился трепетно, не хотел, чтобы тот оформлял ему книги. Он резонно опасался, что обложка забьет текст.

— «Ну и что?», — говорил Бахчанян, и, согласившись, мы выпустили журнал «Семь дней», единственный орган, строившийся под иллюстрации, а не наоборот. Каждую неделю Вагрич приносил несколько дюжин работ, а мы уж ломали голову, что под них напечатать. Теперь эти номера собирают коллекционеры.

Вагричу все сходило с рук, потому что его на них носили. Общение с ним было праздником, вроде Первого мая: весна речи и труд языка. В гости Бахчанян приходил, как на гастроли, и чтобы не отпускать его подольше, я однажды придумал затеять на весь день мелкие пельмени. Каждую он сопровождал шуткой, острой и закрученной, словно штопор. А я мечтал, чтобы пельмени никогда не кончились.

Но такого не бывает. Вагрич умер. Как хотел.

ТАТЬЯНА БАХМЕТ (ХАРЬКОВ)

БАХЧАНЯН КАК МИФ

> «Миф — это репутация для меня…»
> **Вагрич Бахчанян**

Когда умер Вагрич Бахчанян, я вышла и сказала: «Слышали, сегодня умер Бахчанян…» — «А кто это?» — спросили меня в ответ. Вспомнился недавний вопрос из письма художника А. Брусиловского, живущего в Кельне: «Появились ли в Харькове за эти 50 лет какие-то яркие знаменитости, изменилось ли в искусстве что-нибудь со времён «знатных доярок», происходят ли культурные события (выставки, перформансы, экшн, волнения, драки, митинги и т.д.)? Интересуются ли харьковчане своим славным прошлым? Существует ли память, культ, какие-то жесты по отношению, скажем, к Э. Лимонову (как поэту), В. Бахчаняну, В. Буричу?..»

В отыскавшихся материалах о Бахчаняне поразило обилие мифов о нем, разноголосица впечатлений. «Воистину, за тридцать лет эмиграции художник Вагрич Бахчанян превратился в миф. Герой баснословных легенд, рассказов Довлатова, Лимонова, мемуаров и притч Вайля и Гениса, многих других, он стал чем-то вроде героя античных времён…» (из интервью И. Шевелеву). Сам Вагрич ситуацию эту при жизни прояснять не собирался: «…столько уже всего написано. Кроме Лимонова, где я участвую в качестве персонажа, Брусиловский выпустил две книги, Илья Кабаков, Гриша Брускин, Немухин, Гробман. Это я говорю только о художниках… я выступаю в качестве предмета цитирования и персонажа мемуаров. Пару раз я пытался что-то записывать, но меня сразу куда-то заносит. Это Лимонов — мастер, который может воспроизвести сцену, бывшую десять лет назад. Еще Довлатов, кстати, заметил, что у Лимонова цепкая память, и он помнит детали, которые обычно ускользают со временем. Может, и не помнит, а выдумывает, но убедительно…» (из интервью И. Шевелеву). И в другом интервью: «Уже многое — Харьков, юность — описано в книге Лимонова «Молодой негодяй». Ну, Эдик всегда на себя все немножко перетягивает, но все же… Толя Брусиловский написал книги «Студия» и «Место художника». У него оказалась целая глава обо мне. Юра Милославский, мой харьковский дружок, описал многое…»

Такова предыстория интереса к человеку со вселенским псевдонимом «Бах», а вместе с ним — и ко многим другим персонам исчезающей прямо на глазах харьковской цивилизации (термин Ю. Милославского) шестидесятых. Хотелось ответить на какие-то вопросы — хотя бы себе. Или на вопрос Брусиловского. Нет, не появились в Харькове ни культы, ни жесты, ни отношения как такового к этим блудным детям многомиллионного города. Многие харьковчане что-то слышали о Лимонове, но только единицы знают, кто такие Бахчанян и Бурич, Брусиловский и Крынский, Милославский, и Григоров. И, стало быть, надо рассказать о них всех, отмеченных харьковскими шестидесятыми. Из материалов интервью с Бахчаняном, воспоминаний его друзей и публикаций в прессе получился дайджест, или — ближе к Бахчаняну — коллаж, который я и представляю вниманию читателей.

Время и место: Харьков по Бахчаняну

Человека определяют место, где он родился и отношение к нему, происхождение и учителя. Бахчанян стал Бахчаняном — или попросту — Бахом — в Харькове: «Я родился в Харькове через 21 год после свершения Великой Октябрьской социалистической революции. Пошел в школу в год капитуляции фашистской Германии. Поступил на работу вскоре после смерти Сталина. Был призван в ряды Советской Армии через 20 лет после 1937 года. Демобилизовался после 90-летия В. И. Ленина. Переехал в Москву за 6 лет до кончины маршала Советского Союза Семена Михайловича Буденного. В определяющем году девятой пятилетки покинул СССР».

Никаких сантиментов и слезливых мемуаров. Человек без родины, что ни скажет — то отрубит: «Россия — родина слонов и мосек», Америка — «бутербРодина». Да и свою «малую родину» он удостоил проливным дождем насмешек, посягнув тем самым на гипертрофированный местечковый патриотизм харьковчан: «Харьков. Харьков стоит на великой реке Лопань. Харьков очень большой город. Из одного конца в другой нужно лететь самолетом 4 часа 42 минуты. Харьков в 16 раз больше Нью-Йорка, в нем проживают 200 миллионов жителей (не считая пригородов). Каждый второй харьковчанин пишет стихи, каждый третий — рисует, каждый пятый — физик, каждый шестой — стукач. В Харькове живут и работают 2174 лауреата Нобелевской, Ленинской, Сталинской и Шевченковской премий. В Харькове родилось 168 генералиссимусов, включая Сталина, Франко, Чан Кай Ши, Суворова и других. Не всем, наверное, известно, что именно в Харькове, на Холодной Горе, распяли Христа.» Уж не знаю, кто были для него «первыми», но дружил Бах со вторыми и третьими, нобелевских лауреатов и генералиссимусов на улицах не встречал, зато один из его педагогов был настоящим сталинским лауреатом…

Во всем, даже в очень серьезном, Вагрич находил повод для игры и насмешек, всех вовлекал в свою игру — скажем, в «великие», ради которой не поленился и записал в ряд многие (хотя и не все) известные ему имена, населив ими город своего детства. Список этот очень напоминает перечень официальных лиц из газет былинных шестидесятых: «В Харькове в разные годы жили и работали следующие выдающиеся люди: Ленин, Сталин, Ворошилов, Берия, Молотов, Брежнев, Подгорный, Косыгин, Бурлюк, Андропов, Иогансон, Шолохов, Козловский, Сапгир,

Холин…» и т. д. — 208 имен… В шутку Бахчанян населил город своего детства важнейшими для себя персонами далекого прошлого — среди них Рублев, Рафаэль, Магритт, Лотреамон… Из списка человек знающий легко вычленит харьковчан разных годов, педагогов-художников, соучеников, литераторов и художников, диссидентов и других знакомых Баха. Вот он: «Брусиловский, Дунаевский, Даниэль, Синявский, Лимонов, Рубинштейн, Лившиц, Хлебников, Чичибабин, Филатов, Черевченко, Басюк, Милославский, Верник, Кучуков, Крынский, Харченко, Шабельский, Ермилов, Щеглов, Ландкоф, Григоров, Сизиков, Томенко, Савенков, Карась, Воронель, Мотрич, Хвостенко, Савелий Цыпин, Леша Пугачев, Култаева, Губина, Рахлина, Басов, Беседин, Кошкин, Власюк…»

Итак, Харьков — город, в котором родился Бах. И это концептуально! И в Харькове одно знаковое место своим названием точно обязано ему, Бахчаняну. Первым всему миру об этом уникальном месте сборищ харьковской богемы возвестил Ю. Милославский в своем эссе, написанном для «харьковского» 3А тома знаменитой Антологии новейшей русской поэзии К. К. Кузминского «У голубой лагуны»… Потом — Э. Лимонов в повести «Молодой негодяй»: «Непосредственно за «Зеркальной струёй» и Театральным институтом помещается в цокольном этаже высотного здания знаменитый «Автомат» — закусочная, выполняющая в Харькове роль «Ротонды» или «Клозери де Лила» или кафе «Флор». Точнее, замещающий все эти кафе вместе взятые… (не связана ли была вспышка харьковской культурной жизни в те годы, своеобразная харьковская культурная революция, с открытием «Автомата»-закусочной?)…» И в другом месте: «ВСЕХ там можно было встретить. Там назначались свидания, и встречались без свиданий. Туда, в парк, шли из автомата летом — сидели на множестве скамеек.»

Р. Гурина (Беляева): «Давным давно нам рассказали, что в Париже есть «Ротонда» — кафе, облюбованное французской богемой начала XX века. За его столиками любили посидеть с рюмкой абсента Пикассо и Модильяни вкупе со всеми импрессионистами, авангардистами и сюрреалистами — целые художественные направления прошли сквозь его стены. В Харькове с начала 1960-х существовало «кафе-автомат» на Сумской, прозванное с легкой руки художника Вагрича Бахчаняна «Пулемётом», которое выполняло в нашем слобожанском Париже ту же художественно-историческую миссию.»

Вот так, ни больше, ни меньше: Харьков = Париж, «Ротонда» = «Пулемет», Пикассо и Модильяни = компания молодых и талантливых ребят, и среди них — Бахчанян! Эй, где вы теперь, слобожанские Модильяни и Пикассо, Хэмы и Арагоны? Где пьете вы свой абсент и ведете горячие споры? Пусто нынче кафе-автомат, с легкой руки Бахчаняна названное «Пулеметом», но если прислушаться к эху, можно услышать стихи…

Рождение пересмешника

Бах, ~~по метрике~~ — Владимир Акопович Бахчанян, или, как он сам себя лукаво именовал, Владимир Траншеевич, родился 23 мая 1938 г. в Харькове, в семье «персидского подданного» — так написано в его биографиях. В этом чувствуется намек на некое родство новорожденного со знаменитым сыном турецкоподданного, которое безо всякого сомнения и определило его насмешливый способ мышления. Отец Володи немного рисовал, немного писал

Дом на улице Плехановской, где жили В. Бахчанян и А. Крынский. Фото Т. Бахмет.

стихи, мать пела — все в пределах бытовой любви к искусству. Мальчик, по легенде, не отставал от родителей в своем порыве к креативу: в шесть лет он расписал только что выбеленную стену… Да и кто из нас в этом возрасте не расписывал стен, не обрывал по кусочку обоев! Однако не всякий из рисовальщиков оказывался Бахчаняном!

Первые детские воспоминания будущего пересмешника — о войне. Два события — самые яркие: «В нашем дворе стояли танкетки. В нашем доме жили немцы. Однажды один из них взял меня покататься с собой в этой танкетке. Он остановился на улице Урицкого, неподалеку от реки. Он посадил меня сверху на крышу и попросил никуда не уходить. Я сижу на танке, подъезжает черная машина. Выходит немецкий офицер. Сказал что-то своему шоферу, тот вытащил из багажника круг колбасы. Офицер надел ее на меня, как ожерелье. Шофер сфотографировал. Это удивительно: у меня была далеко не арийская внешность. Они уехали. Пацаны пытались у меня выманить колбасу. И один ушлый парень предложил мне меняться — колбасу на карандаши, что я с удовольствием и сделал. Потом, естественно, получил от матери нагоняй… Я помню салют в честь Победы. И одну страшную картину. Отец повел меня на площадь Дзержинского. Огромная площадь… После войны ее испортили, разбили в центре садик, поставили статую Ленина… Ну а в тот раз площадь была вся заставлена виселицами. Маленьким я не понимал, что происходит, и только потом прочел у Эренбурга, кажется, что в тот день вешали полицаев и предателей. Мертвецов я видел и раньше. Еще в оккупированном Харькове как-то повесили партизана, кажется. Прямо на балконе дома, и снимать его было нельзя» (Из интервью В. Дьякову).

А. Крынский, одноклассник Баха: «…моё детство по возвращении в Харьков в 1943г. … Вокруг дома находилось несметное количество гранат, снарядов, оружия и мы выжили, не знаю как, используя их в своих играх… Каждое утро мы видели из окна, как вывозили трупы из ДОПРа (тюрьма), и ноги торчали из повозок, полных еле прикрытых трупов… Я помню всё — голод, нищету, бесконечное недоедание…»

Семья Бахчанянов после войны распалась и Вагрич стал жить с отцом, а младшую сестру забрала к себе мать. Скоро отец женился, в новой семье появились другие дети и на старшего перестали обращать внимание. «Детство было тяжелое, нелюбимые школьные годы. Школу я ненавидел, детство было уличное. Я жил с отцом и с мачехой, еще было двое сводных братьев. До меня не было дела ни отцу, ни, тем более, мачехе. Какая-то полуавантюристическая жизнь. Многие друзья потом оказались в тюрьме.» (из интервью И. Шевелеву).

В. Бахчанян: «Я много рисовал, когда сидел дома под замком. Когда я стал шляться по улицам, рисование отошло на второй план. А вообще тогда такие таланты не пользовались большим уважением в блатном мире. Я, знаете, побывал в разных субкультурах. После школы, например, работал помощником слесаря… Потом в армии отслужил три года. Там было много интересного, компания собралась со всего Союза: прибалты, грузины, армяне, которые меня за «своего» не признавали…» (из интервью В. Дьяконову).

Его ждала кривая дорожка многих послевоенных пацанов, но Судьба неожиданно улыбнулась Баху и сменила гнев на милость…

Студия

Судьбой можно назвать дом на Плехановской, 74, где жил у мачехи Вагрич.

А. Крынский: «…я с родителями жил в этом же доме… Возле колхозного рынка жила его родная мать к которой он меня привел и она тогда нас заставила пообедать, очень приятная и теплая женщина, но его мачеху я не видел. Когда он звал к себе, то её никогда не было… Вагрич жил… на 3 этаже противоположного крыла дома, а мы на 6 этаже по диагонали. Нас тогда объединяло общее увлечение рисованием в студии А. Щеглова, где я и познакомился и с Володей Григоровым. Прошло много времени, отслужили по 3 года в армии… и, работая на заводе Малышева на поселке Артема художниками, мы снова стали общаться, т. к. у нас было единство и любовь ко всему авангарду, как к нашему, так и к западному…»

Это и правда удивительное место. Длинная Плехановская — одна из старых рабочих улиц Харькова. Через дорогу от дома №73 — стадион «Металлист», сегодня главная футбольная арена. Другая сторона дома примыкает к саду, в котором расположен дворец для рабочих — в те времена и сейчас тоже — Дворец Культуры «Металлист», где были кружки, крупная, очень старая библиотека. В саду, рядом

Фото Т. Бахмет.

Алексей Щеглов. Фото В. Григорова.

с дворцом, и находилась СТУДИЯ. Это волшебное место определило судьбу Бахчаняна. И не только его. Здесь учились будущие известные художники Крынский, Григоров, Ландкоф, Еременко, Резниченко.

В. Бахчанян: «Там были студии. Мы пришли с приятелем в художественную. Для меня она заменила шоблу с предыдущего места жительства. И я стал туда ходить до армии и после тоже. Там был замечательный преподаватель **Алексей Михайлович Щеглов**, царство ему небесное. Он во всем был неортодоксален и давал полную свободу. Заставлял делать дома композиции, вплоть до абстрактных. Потом он стал приглашать людей, которые в 1920-е годы были гордостью украинского авангарда. Так я и другие студийцы познакомились с учеником Малевича, Василием Ермиловым. Он производил потрясающее впечатление. Как-то сказал: «Как говорил мой друг Толя Петрицкий (а Петрицкий тоже известный украинский авангардист), «этот сифилик Врубель!» Мы были в шоке, конечно, для нас Врубель был бог...» (из интервью В. Дьяконову).

А. Крынский: «Нас тогда объединяло общее увлечение рисованием в студии А. Щеглова... Щеглов был невероятным юмористом и как художник-карикатурист особенно — из него потоком шел юмор и Володя [Бахчанян] старался ему подражать во всем. Всё, что он мне показывал — это были исключительно попытки карикатур в стиле Щеглова...»

Собственно, для талантливых мальчишек это было стопроцентное «попадание». Лучшего места для художественного развития и профессионального обучения было не найти. Мало сказать, что Щеглов был личностью в Харькове очень известной — он был легендой. Художник кукольного театра, он работал в различных жанрах — декоративно-прикладном искусстве и монументальном, графике, был известен как иллюстратор и карикатурист. К Щеглову Вагрич относился с нежностью, часто добром вспоминая его во многих своих интервью: «...в общем-то, Щеглов стал мне отцом. Наставники в искусстве, которых мне подарила судьба, стали моей семьей...» (Бахчанян В. Красота не спасет мир // Октябрь.—2008.— №9)

В. Григоров: «С Бахом я познакомился в 1955-м... Мне было тогда 19, ему почти 18. Я работал на ХЭМЗе, он — на заводе Малышева. Уже тогда мы начали понимать, что работа художника — прекрасная работа. Это не болты таскать... Когда я ходил в Студию, работал во вторую смену, — бежал в сад любоваться, как красные маки светятся на солнце. В цех возвращаться совсем не хотелось... В студии Бах был негласным лидером. Насмехался над теми, кто позволял ему это делать, к ребятам посильнее относился осторожно. Примером ему служил Щеглов, смеявшийся над всем и всегда. Любимая шутка Щеглова, слышанная нами много раз — «Я потратил дважды пять лет напрасно: пять лет учился, пять лет пьянствовал…». Еще были такие поговорки: «Смотришь на ухо — рисуй глаз», «Правило — неправильное…». Он учил думать над словами и правилами, ничего не применять слепо… Щеглов никого не выделял из учеников, у него была природная культура… Квартира его (а он жил в двух комнатах прямо при Студии) всегда была полна учеников с мольбертами — набивалось человек по двадцать!.. А Бах был довольно самоуверенный. Однажды сделал удачную фигуру углем. Щеглов посмотрел, сказал: «Хорошо!». Бах в ответ: «Я сам знаю!» Иногда позволял себе посмеяться над глуховатой матерью Щеглова. Он ей говорил: «Марь Иванна! Изотов — один из студийцев, холостяк 45 лет — женился!» Мария Ивановна отвечала: «Как можно в таком возрасте жениться?». Через время на другом занятии: «Марь Иванна! Изотов женился!» — «Как, снова женился? — спрашивала глуховатая Мария Ивановна. — Надо же, в таком возрасте…» Вот этот самый Изотов и обвинил Баха в том, что тот «не обладает излишней скромностью». И показал пальцем на меня: «Вон Григоров, он скромный. Бери с него пример…»

Бахчанян, Григоров и Крынский. Фото В. Богатырева.

Еще был у нас в Студии Гриша Байер, он рано умер потом от какой-то болезни. Гриша носил значок парашютиста, чему завидовали все в Студии и за что его очень уважал Щеглов. Бах нарисовал шарж на конопатого Гришу: сидит Гриша в животе своей беременной матери, а по всему животу у нее — конопушки. Или на Димса Ландкофа шарж нарисовал: летит Димс по небу в спущенных штанишках на детском горшочке… Шаржи были веселые и незлые. Еще мы в Студии выпускали рукописный журнал — назывался «Корова». Там таких шаржей много было…»

Авангард — на расстоянье двух рукопожатий…

В Студию Щеглов приглашал читать лекции двух педагогов, которые оказали огромное, если не сказать определяющее, влияние на всех студийцев. Это уцелевшие легендарные харьковские авангардисты 20-х годов — Василий Ермилов и Борис Косарев.

Живописец, график, монументалист, художник-конструктор, основоположник украинского дизайна, Василий Дмитриевич Ермилов был не в чести у властей и Союза художников и переживал трудные времена.

В. Бахчанян: «Это был интеллигентный, симпатичный человек. Правда, обиженный на власть, поскольку, несмотря на свою славу, жил в 60-е на минимальную пенсию, а жена его работала уборщицей. Василий Дмитриевич обычно говорил: «Идемте, погуляем, я вам кое-что покажу…» (мы были на «вы»). Гуляем, и он говорит: «Вот в этом доме жил Вова». — «Какой Вова?» — спрашиваю я.—«Ну Вова. Татлин». — И далее следовал рассказ. С Татлиным Ермилов, оказывается, знаком был чуть ли не с детства, поскольку Татлин жил в Харькове с семнадцати-восемнадцати лет. Или гуляем, и Василий Дмитриевич замечает: «Вот здесь Витя снимал комнату, я у него бывал». — «Какой Витя?» — «Хлебников». Велимир был Виктором, Витей, а Василия Дмитриевича в письмах называл Асей. Не Васей, а Асей. «В комнате, которую снимал Витя Хлебников, не было ничего. Разве что кровать солдатская, чуть ли не без матраца…» — продолжал Василий Дмитриевич. Стихи Хлебников писал на подоконнике. В старых харьковских домах очень широкие, как стол, подоконники, там даже можно было лечь. Однажды Василий Дмитриевич пришел к Виктору, а тот лежит на подоконнике без сил и просит: «Ася, помоги мне, я уже сутки не спал: пошли стихи, у меня просто нет сил. Возьми тетрадь, возьми перо, я буду диктовать». Хлебников так много диктовал, что Ермилов несколько часов без перерыва писал. Позже тетрадь этих стихотворений, исправленных Велимиром, осталась у Василия Дмитриевича…» (из интервью А. Самусенко).

В. Григоров: «Ермилов — это была легенда. Я его видел только один раз. Он пришел — высокий, сутуловатый, с неопределенного цвета лицом. Одежда довоенная, старенькая, но вся очень аккуратная, чистая. Брюки отутюжены, что называется «с иголочки», туфли начищены. Он тогда очень скудно жил, потому что нигде его на работу не брали. Он принес предмет 40х40, завернутый в газету. Оказалось — красный прямоугольник, на котором гвоздиками набито слово «Ленин» и время смерти вождя. Мы спросили — почему гвоздики вот тут набиты не до конца? Он засмеялся и сказал: «Это вокруг Ленина люди стоят…» Когда Ермилов рассказывал — стоял «как памятник», только ногой в такт своей речи постукивал… »

Частым гостем студии был кубофутурист, театральный художник, плакатист, мастер монументальной росписи, Борис Васильевич Косарев, преподававший в Художественном институте. Он был человеком очень закрытым и недоступным. Ученики знали о нем лишь то, что он — лауреат Сталинской премии, многие даже видели спектакль, за который она была получена — «Ярослав Мудрый». Косарев учил студийцев тому же, чему и своих студентов: рассказывал о цвете, показывал трехцветный и шестицветный круги, двенадцатицветный круг В. Оствальда, говорил о спектре видимом и невидимом…

В. Григоров: «Косарев к нам часто приходил, лекции читал по цветоведению и композиции,… Он многое умел, нам показывал, хотел, чтобы

Вагрич Бахчанян. Автопортрет.

ученики мыслили, развивали свое творческое сознание, учились сопоставлять явления, преломлять форму через сознание…»

Немногие из учеников — и среди них Бахчанян, Крынский — навещали Ермилова в его квартире-мастерской №13 на улице Свердлова, 33. Здесь, на двадцати метрах чердака, хранились бесценные ермиловские работы. Об атмосфере мастерской Ермилова можно судить по воспоминаниям его ученика, В. Перевальского: «Я бывал на мансарде, в мастерской-жилище Василия Дмитриевича, где видел его изготовленные из разнофактурных материалов кубофутуристические и супрематические композиции, а также проекты оформления украинских павильонов на всесоюзных и международных выставках и издания книг и журналов 20-х годов в модном тогда стиле конструктивизма. Он вспоминал, как в 40-х годах у него побывал Диего Ривера, как пытался встретиться с Михаилом Бойчуком, в то время уже расстрелянным… Рассказывать откровенно обо всем этом в институте нам, студентам, он в тех условиях не мог. Болел, но духом не падал…» (Перевальський В. Зустріч триває // Образотв. мистецтво.—2008.— №2.—С.32.)

В. Бахчанян: «За год до того, как мы уехали в Москву, Ермилов мне говорит: "Вагрич, у вас супруга, кажется, английский изучает? Можно ее попросить кое-что перевести?" Мы приходим, Ермилов достает вчетверо сложенный лист бумаги, разворачивает. И там что-то обалденное нарисовано и написано, разными цветами, фломастерами, карандашами на русском, украинском и английском. Я спрашиваю, что это такое. "Это Додя прислал", — говорит Ермилов. Ну, то есть Давид Бурлюк… Мне Ермилов рассказал, как Бурлюк лишился глаза. Когда он жил в своей Гилее, просверлил дырку в женской бане и подсматривал. Бабы узнали об этом, и, когда Бурлюк в очередной раз пришел, ему ткнули в глаз спицей…» (из интервью В. Дьяконову). Жена Бахчаняна, Ира Савинова, была студенткой иняза и очень помогла тогда Ермилову с содержанием письма.

«В том же доме, где жил Ермилов, была мастерская другого авангардиста — Бориса Косарева. Тоже замечательная фигура, правда, он в сталинское время перестроился, работал театральным художником, даже получил Сталинскую премию. Косарев был очень замкнутым человеком. Он в свою мастерскую не пускал даже собственную дочь. Ну а для Ермилова я был человек проверенный. Уже занялся дриппингом, причем вещей Поллока не видел, а прочел о нем в газете. И в свободное время, когда работал оформителем местного клуба, брал банку с краской и разбрызгивал на холст. Правда, Ермилов дриппинг не одобрил. Его любимым художником был Пикассо…» (из интервью В. Дьяконову).

А. Крынский: «Ермилов был... более открытый, и позволял то, что Косарев не позволял себе будучи подозрительным и скрытным... с Ермиловым я чувствовал себя очень свободно и даже неоднократно с ним пил его приготовления наливку, которую он держал в больших бутылях...»

Бахчанян, Лимонов, Крынский. Фото из архива А. Крынского.

В 1963-м, когда состоялась первая и единственная послевоенная прижизненная выставка Ермилова, Бахчанян с Ириной, Крынский и Григоров пришли к своему учителю.

В. Григоров: «Выставка Ермилова была в Художественных мастерских... Тогда всем стало понятно, какой это значительный художник. На ней были представлены очень интересные офорты и последние его работы — тогда Ермилов много писал с натуры — смесь акварели с белилами... Бах подошел, пожал Ермилову руку и поздравил. Ирочка бурчала: «Я тоже могла бы Ермилова поздравить...» Ира — человек с очень сильным, волевым характером. Я называл ее за это «Суворов»...»

Вагрич очень гордился тем, что жил в Харькове и имел счастье находиться рядом с последними русскими авангардистами: «...там доживали еще старики, люди, которые делали славу украинскому искусству и русскому тоже, кстати. В Харькове часто бывал Хлебников, например... Бурлюк родился под Харьковом. Был замечательный поэт Петников, футурист. Был Божидар, которого Хлебников называл гением... Поэтому когда я жал за руку Василия Дмитриевича Ермилова, я чувствовал, что эту руку когда-то жали и Хлебников, и Маяковский. Какая-то связь присутствовала...» (Из интервью В. Шендеровичу). Ему импонировала эта личная сопричастность авангарду, такое небольшое и такое непреодолимое, но вполне осязаемое «расстоянье двух рукопожатий»: «Понимаете, какое меня сопровождало ощущение? Сопричастности великому. В 60-х, когда меня познакомили с Крученых и я пожал ему руку, меня будто током ударило. Вначале я просто удивился: у него была сухая, атласная, детская рука. А после осмыслил: ведь эту руку жали и Малевич, и Татлин, и Хармс — весь авангард. Мне повезло: я пожал дважды. И это было не столько ощущение передачи эстафеты, сколько осознание того, что ты говоришь с человеком, который видел весь цвет русского искусства начала XX века... Разве такое можно забыть?.. Через общение с замечательными людьми ко мне пришли понимание и навыки, каковые другие художники приобретают в процессе долгой учебы. В отсутствие внимания семьи биологической, наставники стали для меня настоящей семьей...» (из интервью А. Самусенко).

Вот так круто оказался сварен тот питательный бульон, в котором развились и выросли молодые деятели искусства шестидесятых! Первые уроки свободомыслия и любви к свободе Бахчанян и другие студийцы получил от своих учителей — мастеров украинского авангарда. Эта прививка помогала ему в дальнейшем преодолевать вполне естественные для многих советских граждан осторожность и страх. Именно от них будущий возмутитель спокойствия и отец соц-арта унаследовал желание говорить, что вздумается, и при этом оставаться самим собой. Таких в Харькове было в шестидесятые уже довольно много — но не надолго.

О том, как Володя Бахчанян стал Вагричем, а Эдик Савенко — Лимоновым

Тогда, в шестидесятые, сложилась первая в жизни Бахчаняна арт-тусовка. Собственно, и не тусовка даже, а круг интересных друг другу талантливых, творческих молодых людей. В компанию входили Эдик Савенко — будущий Лимонов, Юрий Милославский, Анатолий Крынский, Владимир Григоров, Мария Култаева. Иногда появлялись Борис Чичибабин, Александр Черевченко, Аркадий Филатов, Леша Пугачев.

Историю о том, как Володя стал Вагричем, рассказал мне художник Анатолий Крынский: «Киев, 1964 г. Приехавший в редакцию радиожурналист, который, увидев мои ранние работы и узнав, что в Киеве я не был, пригласил меня и моего друга журналиста Валерия Тамарина в его машине поехать с ним в Киев. Я предложил Володе поехать со мной, но денег на поездку нет, и я предложил, что мы ему купим билет на поезд, а там его встретим. Мы, как сотрудники газеты, и наш бывший сотрудник В. Гаман, который работал в Киеве в ЦК Комсомола, устроил нам гостиницу, «Юность». У нас с Бахчаняном был номер на двоих. В это время приехала группа школьников из Еревана, молодые, красивые, веселые парни очаровали нас и в разговоре возник вопрос о том, кто мы. Володя Бахчанян сказал, что он армянин. На что они спросили — был ли он в Армении? — «Нет», — ответил он. — «А почему — Володя?» — «Так по паспорту!»[1]. Тогда они хором ему сказали, что «ты не ВОЛОДЯ, ты ВАГРИЧ»... Эту поездку я никогда не забуду, т. к. из-за маленького конфликта он полоснул мне по правой щеке сигаретой и я получил ожог...».

Бахом же Вагрич стал уже в Москве. Вернее, он был им всегда. Но ИЗВЕСТНЫМ БАХОМ стал именно там. Вот как рассказывает об этом Илья Суслов: «Вагрича привел ко мне в «Литературную газету» художник Брусиловский. Он мне сказал: «У меня есть один парень из Харькова, который делает коллажи, и он очень смешной человек». Я говорю: «Ну уж

---

1. Окончательную ясность в этот вопрос внесла Ирина Бахчанян, предоставившая редакции НК копию метрики В. Б. Имя, данное ему при рождении — Вагрич, а крестили Бахчаняна Владимиром *(прим. ред.)*

приведи». Пришел Вагрич Бахчанян: «Здравствуйте, Илья Петрович». Я говорю: «Здравствуйте. Как вас зовут?» — «Меня зовут Вагрич, а в народе меня зовут Бах, потому что я Бахчанян». Я говорю: «Ну, тогда ты будешь Бах». Он сказал: «А вы всегда будете Илья Петрович». 35 лет спустя, когда мы встретились здесь, в Нью-Йорке, он все еще продолжал называть меня Илья Петрович, а я называл его Бах Иванович. И он был со мной на «вы», а я с ним был на «ты»…» (И. Суслов, из интервью для радио «Свобода»).

По одной из легенд, Бахчанян — автор псевдонима «Лимонов», придуманного для Эдика Савенко. Бахчанян сам эту легенду и распространял: «Лимонов… Я с Эдиком познакомился, когда ему было 20 лет, он был совсем еще мальчик, красивый, с длинными волосами. Был жутко близорукий, а очки носить стеснялся, и признался потом, что нас всех узнавал только по походке, настолько не видел лиц…» (из интервью И. Шевелеву).

А. Брусиловский: «Собирались друзья в саду имени Шевченко, где в зеленых кущах за монументальным Тарасом работы скульптора товарища Манизера, примостились забегаловки с дружественно настроенными подавальщицами. Садились за столик, принесённая с собой водка тихонько передавалась Нюре (или Томе), которую (водку, естественно) та переливала в чайник или пустую бутылку от «Боржоми» и ставила на стол. Обменивались новостями, мечтали о будущем, читали стихи. Пили водку. Однажды Эдик прочел друзьям свои новые сочинения, оканчивавшиеся словами: «…и покатать лимон!» Бах заявил, что с фамилией Савенко добыть поэтическую славу невозможно. Бах был авторитет, он всё же, что-то читал. Что же делать?.. Бах, как всегда, лёгкий на выдумку, тут же быстро (уцепив предыдущую фразу) заявил: «Лимонов! Ты будешь — Лимонов!» Обладатель новой фамилии покатал её языком туда-сюда и приобретением оказался доволен…»

На вопрос о собственной ответственности за метаморфозы, произошедшие с другом, Бахчанян шутил, что дав ему псевдоним, оказался на правах Папы Карло, который может только наблюдать за действиями «сынка»: «Буратино взбунтовался, и видите, что произошло. Между прочим, когда… мы где-то сидели в Нью-Йорке, выпивали и заговорили на тему о его псевдониме. Он ведь в интервью и в книгах не скрывает, что Бахчанян придумал псевдоним. И я говорю: «Эдик, а я, как автор, имею право на копирайт?» Он: «Ну и что?» — «А то, что при каждом упоминании твоей фамилии я могу требовать сноски — «копирайт Бахчаняна»… Он немного испугался…»

«… и все-все-все…»

Харьковские кумиры шестидесятых… Глядя из сегодняшнего дня, понимаешь, что его высочество Время уже расставило точки над «i». Как говорил, шутя, Бахчанян: «Иных уж нет, а тех долечат…» Один из тех, кого нет — поэт Мотрич, или, как его в шутку, вслед за Бахчаняном, именовали — «Мэтрич», «Монстрич».

Э. Лимонов: «В 1964 году... познакомился я с первым живым в моей жизни поэтом... Владимиром Мотричем. Был это высокий, худющий человек с гнусавым голосом и красивым темным хорватским лицом. Дело происходило в Харькове, в октябре переходящем в ноябрь, в парке Шевченко... Снег шел и таял весь день, отстояв свое время возле лотка с книгами (я работал от книжного магазина №41) я уж собирался отправиться домой, да был к моей неописуемой радости приглашен двумя симпатичными литературными девицами Верой и Милой пойти в парк Шевченко выпить вина и послушать стихи Мотрича... Тогда вся Россия горела стихами. Магазин №41 «горел» тоже. Каждый день приходили и уходили поэты, шныряли заросшие художники... В подсобке между штабелями книг порой судорожно глотали вино и запоем читали первую поэму Бродского «Шествие»; читали ее, помню, в очереди, и кто-то читал до двух часов дня и не успевал, и очередной заросший и бледный юноша сидел и нервно ждал. Все тогда были заросшие, бледные и возбужденные, все писали и рисовали сюрреалистические полотна, все пили до бесконечности кофе в закусочной-автомате, Мотрич пил какое-то особое тройное кофе... Его знали как поэта от швейцара до всевозможных тетушек (их кажется было три), готовивших кофе... Вот мы и пошли тогда по Сумской, по левой стороне, дошли до «автомата» — купили несколько бутербродов — тогда на закуску не тратились, затем в Гастроном, что и сейчас стоит на том же месте — прямо напротив памятника Тарасу Шевченко, купили пару бутылей дешевого красного вина и углубились в метельный парк. Там выпив из горлышка — (бутыль передавали по кругу) поэт поставил бутылку на заснеженную скамейку, вдавил ее в снег и начал читать и свои, и чужие стихи: «И сам Иисус как конокрад — в рубахе из цветного ситца...» Помню, что с первых минут чтения под его глухой, как тогда говорили «трагический» голос пришел я в состояние какой-то приподнятой праздничной тревоги. Все вокруг — медленно падающий снег, капли вина на снегу — на скамейке возле наполовину опустошенных бутылок, сам поэт в знаменитой «барской шубе» своей — шубе из Мандельштама, это собственно была не шуба — длинное темно-коричневое пальто с меховым «барским» широким воротником-шалью — все это было настолько не из этого мира, что, кажется, тогда именно тогда решил я упрямым сердцем своим стать таким же, как Мотрич, и чтобы девушки Вера и Мила так же заворожено-загипнотизировано смотрели на меня. Решил я стать поэтом...»

Э. Лимонов: «Вознесенный на гребне всероссийского интереса тогдашнего к поэзии в легенду, его знал весь город — он по старой русской традиции пил и гулял. Поителей и угощателей было много и самых разнообразных. Был задушевный друг — книгоноша, бывший железнодорожник, любитель стихов Игорь Иосифович. Были официальные поэты, Аркадий Филатов и Саша Черевченко, актер и певец Леша Пугачев... Мотрич был тогда признанным номер 1 поэтом в Харькове. Кроме него было множество других. Всего наша литературно-артистическая среда насчитывала, я думаю, несколько сотен людей… На Сумской— его ВСЕ знали как Поэта. И в «автомате» — варившая нам кофе тетя Женя знала его как поэта, и ВЕСЬ МИР вокруг «автомата» и нескольких книжных магазинов … знал Мотрича, он был как, скажем, харьковский Бродский…»

Так часто упоминая Лимонова, стоит рассказать и об Анне Рубинштейн — «главной нашей харьковской литературной даме» (Лимонов), «девушке с фиалковыми глазами» (Брусиловский). Почему-то молва упорно приписывает ей одну из главных ролей в истории подпольной организации «Голубая лошадь», к которой она, Анна, не имела никакого отношения — в те времена ей было 15-16 лет и не могла она быть ни «бандершей», ни «содержательницей притона». В общем-то Лимонов и сам о ней рассказал — честно и без прикрас. Анна работала в магазине «Поэзия», продавала книги — довольно безуспешно по причине своей душевной болезни. Лимонов рядом с Анной был неприметным и молчаливым молодым человеком, о котором все знали, что он хорошо шьет брюки. Не были они тогда и «барышней и хулиганом», как назвал эту парочку Брусиловский.

В «Молодом негодяе» описана легендарная история о том, как Анна «спасала» Бахчаняна. Он, только что осуществивший удачный обмен с иностранцем, радостно нес под курткой приобретенную пачку французских журналов, но был замечен милиционером. Баху ничего не оставалось делать, как забежать к Анне и Эду, в дом на Тевелева, 19 (сейчас это площадь Независимости). Тогда же ни свободы, ни независимости у обыкновенного гражданина не было и быть не могло, а после общения с иностранцами можно было схлопотать тюремный срок за шпионаж. Анна бросила пачку криминальных журналов в сундук и села на него. Как только пришли с обыском и попытались «снять» ее с сундука, Анна воспользовалась своей репутацией психически больной и стала угрожать им припадком… Вагрич был поражен ее самоотверженностью и часто рассказывал об этом случае в разных интерпретациях.

А. Брусиловский: «Потом поехала с ним в Москву (я сманил!). Сразу попала в самый изысканный круг богемы, была непременной гостьей всех вечеров и пиршеств. Тщательно записывала где, что ела. И всюду водила Эдичку… Потом сильно растолстела. Потом ещё сильнее. Потом Эдичка её бросил и влюбился в Леночку Щапову, жену преуспевающего плакатиста… Анечка уехала в свой Харьков и стала тихо сходить с ума. Звонила мне оттуда и всё спрашивала с характерным южным выговором: "Вот бы покнокать, как там Эд, в каком прикиде?"…»

Элегантный «прикид» (или в просторечии — костюм) — был не только у Лимонова. Бахчанян старался всегда выглядеть элегантно. Однажды ему достался замечательный джинсовый костюм — один из первых в Харькове, который позже стал неотъемлемой принадлежностью образа нашего концептуалиста и — поводом для очередного афоризма.

В. Григоров: «Однажды у Баха появился новый костюм, который ему подарил иностранец. По этому поводу сам Бахчанян пошутил очень метко: «Иностранный дух лучше новых двух...»

В. Григоров: «Тогда проявилась реакция Баха на спиртное... В нашем кругу это было принято, благодаря Мотричу считалось своеобразной доблестью... Однажды в «Пулемете» он немного выпил и стал кричать: «Дайте мне коммуниста — и я его буду бить!», на что Кадя Филатов ему возразил: «Володя, коммуниста тебе не дадут, а вот 15 суток... — точно дадут...» В изложении Э. Лимонова эта история выглядит немного иначе: «Страшнее всех ведет себя пьяный Бахчанян. Как камикадзе. Удивительно даже, как он еще жив. Однажды, после пары стаканов вина, он так опьянел, что вырвавшись из рук приятелей с криком «Суки коммунисты!», помчался по Сумской. За что его, естественно, радостно арестовали дружинники. Хорошо, что сцену ареста видел Мотрич и тотчас же прибежал в «Автомат»: «Баха арестовали!» Все находившиеся в «Автомате» декаденты, интеллигенты, поэты и художники, с полсотни людей, бросились в штаб-квартиру дружинников, находящуюся рядом с «Зеркальной струёй», а то бы не миновать Баху тюрьмы. Официальный поэт Аркадий Филатов — харьковский Вознесенский, потрясая билетом члена Союза писателей, с большим трудом уговорил дружинников выпустить Вагрича из лап. Баху повезло, что все это произошло в шесть тридцать вечера, после окончания рабочего дня, и «Автомат» был полон своих людей. Опьяней Бах в четыре часа дня... уф, страшно представить себе, что бы с ним было...»

Об абстракционизме, прогрессе, КГБ и харьковской прессе

Смена политического климата произошла очень стремительно, но перемены в человеческом сознании происходили значительно труднее. Жизненный климат в Харькове был гораздо суровее, нежели в Москве. Границы дозволенного отодвинулись совсем ненамного, но все же короткой «оттепели» хватило для того, чтобы из-под накрепко закатанного советского асфальта появились новые ростки свободомыслия.

Оформление заводской агитации не удовлетворяло амбициозного Бахчаняна. В 1961 г. под влиянием общения с Щегловым, Ермиловым и Косаревым Бахчанян начал выдавать «на гора» абстрактные работы. Показывать их никому, кроме близких друзей не решался. Потом осмелился — и послал прямо в Париж...

В. Бахчанян: «У нас продавалась франкоязычная газета по искусству, редактором которой был друг Советского Союза Луи Арагон. На последней странице был список парижских галерей. Я попросил друга, знавшего французский язык, написать типовое письмо с просьбой прислать информацию... Одна из галерей прислала мне письмо — пришлите, мол, свои вещи. Я собрал штук десять работ на бумаге. Там были вещи по мотивам народных вышивок и несколько абстракций. Пошел

В. Бахчанян. Монотипия из серии «Короли». Фото Т. Бахмет.

на харьковский Главтелеграф, и галерея их получила. Прислали мне письмо, что хотят показать их на какой-то международной молодежной выставке. И добавили, что если я пришлю еще работ, они сделают выставку. Я снова пошел на Главтелеграф и собрал еще одну посылку. Долго не было ответа, а потом приходит мне мой пакет обратно. В нем явно копались. Причина возврата — будто бы плохая упаковка. Я пытался передать вещи через знакомого француза, который в Харькове учился. Но тут подключился КГБ. Меня таскали на допросы. Все кончилось сравнительно хорошо — товарищеским судом по месту работы… В актовом зале развесили мои вещи. Пригласили профессора Харьковского художественного института. Он принес слайды с западным искусством. Помню, там был поп-арт уже: Джаспер Джонс, Раушенберг, Лихтенштейн. Закончил профессор выводом о том, что это искусство нам глубоко враждебно, а следовательно, Бахчанян на ложном пути. У нас на заводе работали в основном деревенские. Они гоготали, показывали на картины и слайды пальцами и кричали: «Ой, Петька, а это ты!» В результате меня приговорили к переоформлению. Вместо художника меня сделали литейщиком. А через несколько дней вышла в местной газете статья про меня. Пришлось уйти по собственному желанию…»

А. Брусиловский: «Бах к тому времени рисовал во всю, но что же? Рисовать и складировать, а что оставалось делать в богопротивном городе? Да еще надо было бренное пропитание добывать… Посещал изостудию. Хотел стать художником. И вдруг! Грянул гром! … Но предоставим слово харьковской газете «Красное знамя», где в фельетоне «В поисках поклонников» описывается леденящая кровь история… «Вагрич Бахчанян «искал» себя. В «муках» поисков он пришел к единому выводу: реализм — не для него. Устарел, не в моде нынче реализм. (Это 1962 год! А. Б.) Услыхал где-то об абстракционистах. И твердо решил: вот с ними ему по пути, вот настоящее искусство, где он еще покажет себя, заставит говорить о своей персоне». Среди дружков, которые так мало понимают в настоящем искусстве и так далеки от него, Вагрич слыл непризнанным талантом. С партийной непримиримостью пишут, с разящей иронией вскрывают, товарищи! Но — далее! «Куда привела его эта скользкая дорожка?» Ужас! «В поисках поклонников он начал крутиться возле гостиниц. Авось, какой-нибудь заморский гость оценит по достоинству его творчество…» Дальше — больше! Находит Бах (повествуется в фельетоне) своего «заморского гостя», тот его практически «вербует»… Один заезжий иноземец клюнул. Услышал «печальную» повесть ищущего художника и решил «поддержать» Бахчаняна... низкопробной литературой, привезённой «на всякий случай». Яркие пустые журналы с броскими картинками стали для Вагрича духовным эликсиром. Не беда, что он не знал чужого языка. Зато с приятелями, нежась на пляже, он рассматривал их «с учёным видом знатока». Современному читателю и невдомёк, что кавычки были тогда главным оружием фельетониста. Как увидишь кавычки, знай, что авторский сарказм дошёл до критической массы! «Заморский гость оказался на поверку не только поклонником таланта Вагрича. Он искал «благодатную почву»: ведь не каждому презентуешь такие журналы, какие он торжественно преподнёс Бахчаняну...» Сарказм, подогретый боевым заданием начальства из Конторы, — крепчал: «А Вагрич раскис, почувствовав «симпатию» к своей персоне...» М-да, нехорошо, нехорошо, товарищи, но мы добрые, только обсужденьице вот этого Вагрича его трудовым коллективом устроим. Далее из фельетона, описывающего судилище: «Рабочие потребовали, чтобы он всё рассказал о себе». Чувствуете — рабочие! Потребовали! Всё — то-есть, всё-всё!

В. Бахчанян. Монотипия из серии «Короли». Фото Т. Бахмет.

«... — Кому вы служите своим искусством, Бахчанян? Неужели не понимаете, что оно вредно? — спрашивает начальник (!) планово-экономического отдела (ого!) Кочубиевский О. Я.

Кокильщик (?) Пакалин: — Понял ли Бахчанян, на что он шел?»

Электрик Печерский подводит итог: — А вы, Бахчанян, даже понятия не имеете...» Словом: — «стыдно за такого с позволения сказать художника. Рабочее собрание было бурным...».

Автор, стыдливо скрывшийся за обтекаемым псевдонимом «Л. Петрова», подводит гневный итог: «Неужели вы до сих пор не поняли, что нет у вас поклонников. Ведь два-три ваших приятеля, любители такой мазни, честное слово, ещё не общественное мнение. А настоящих поклонников вы не найдёте...»

Как тогда пели: «Сегодня парень в бороде, А завтра где? В энкаведе!»

Было ясно, что в городе ему не житьё! Надо было мотать! А тут еще из самой Москвы приезжает столичный гость, художник Анатолий Брусиловский, который увлекательно рассказывает об успехах тамошних левых сил! В Москве, говорит, жизнь бьёт ключом!.. Далее читатель может изучить эпизод в книжке того же Лимонова «Подросток Савенко», хотя и приукрашенный вольными инсинуациями автора...»

Начало эпохи перформанса

Надо сказать, что Бахчанян относился к выставкам как к очень важной части свой личной художественной жизни. Первую в своей жизни выставку Бахчанян осуществил… лет в пять или шесть.

В. Бахчанян: «Отец закрывал меня, я был дома целый день один, отец был на заработках в Харькове, не знаю, чем он занимался. Закрывал меня, я сидел один в квартире — это комната была большая, полутораэтажная, окна были. Бумагу он достал какую-то довоенную, типа оберточной, и у меня был карандаш, с одной стороны синий, конторский, с другой оранжевый. Я рисовал на бумаге карандашами. Я сделал первую выставку. Окна были запотевшие, нужно было клеить. Я приклеил… И из другого окна я смотрел, смотрит ли кто-нибудь эти рисунки. Так что первая была выставка…» (из интервью В. Шендеровичу).

В 1965-м, в мае, молодые художники организовали во внутреннем дворе, где-то около дома «Саламандра» на Сумской, выставку левого искусства.

Э. Лимонов: «Желтые бумажки-приглашения отпечатал сам Мотрич на старой верной машинке «Москва». В слове «искусство» Мотрич еще сделал две ошибки… Где-то после кафе «Пингвин» и еще до улицы, пересекающей Сумскую у границы сквера «Зеркальной струи», нарядно одетые (Эд в болотного цвета свитере до колен, Анна в платье цвета опавших листьев и плаще болонья), они свернули во двор… В месте, более подходящем для прогулки заключенных, чем для выставки, действо уже было в полном разгаре. Маленькая Ирочка Савинова стояла у серии портретов жутковатых монстров, прислоненных к стене. Тогда еще буйнобородый Вагрич Бахчанян выставил свои эмали — разнообразно подтекшие пятна тяжелой краски — и «коллажи»… Два друга — Эд называл их уже тогда «Басовы» — лосиный юноша Миша (рожденный Басов) и Юра Кучуков (приемный Басов) — представляли на выставке направление, называемое в Харькове сюрреализмом. На самом деле и Басов, и Кучуков производили скорее пост-символистические полотна и рисунки. Штуковские змеи обвивали на них деревья Беклина, недаром «голой девочке бес одевает чулки» была любимая строчка лосиного Миши. Тоненький «беспредметник» Толик Шулик — девятнадцатилетнее влюбленное в себя существо с клоком седых волос над лбом — явился с двумя работами, приблизительно могущими быть отнесенными к абстракционизму… Боялись, что кагебешники… пронюхают и разгонят выставку. Потому приглашения прислали только самым проверенным. Отчасти потому картины стояли на каменно-глинистой почве двора, а не висели на стенах, — скорее будет возможно схватить их подмышку и ретироваться. На Сумской, у входа в первый двор, Мотрич поставил на ветру и солнце несколько «левых» хулиганов, которые подозрительными глазами оглядывали прибывающих на выставку интеллигентов, пытаясь выявить кагебешников… Харьковская интеллигенция дружно явилась на редкое зрелище. Наклонившись и даже присев на корточки, они всматривались в произведения. Щелкали затворы многочисленных фотоаппаратов, и даже стрекотал киноаппарат. Дымились с дюжину трубок, несколько спин обтягивали замшевые куртки — модная в те годы униформа представителей либеральных профессий, зеркальцами ловили солнце несколько пар интеллигентских очков, разбрызгивая солнечных зайчиков по двору… Некто раздраженно кричал: «Как вы можете спрашивать у художника, что он хотел сказать своей картиной! Как вам не стыдно!»… Поэты читали свои стихи. Они всходили по очереди на глиняный пригорок рядом с запущенным, со старыми гнилыми деревянными дверьми, общественным туалетом. Буквы «М» и «Ж», выписанные мелом, указывали на размещение полов. Столь близкое соседство атрибута неореализма, впрочем, не смущало авангардистов нисколько…»

В. Григоров: «В выставке участвовали я, Бахчанян, Шульман, поэт Олег Спинер… Мотрич читал свои стихи, другие молодые поэты… Пришли какие-то люди с кинокамерой 2х8 (скорее всего гэбэшники). Надо сказать, что их контора тогда мудро поступила! Потому что никаких репрессий не последовало, никто из нас не стал мучеником — и все осталось тихо. Московская «Бульдозерная выставка» наделала очень много шума и вызвала массовый отъезд художественной интеллигенции за границу. Харьковским гэбэшникам было поставлено на вид, что никто не занимается творческой молодежью — вот она и снимает с неба звезды. Нами занялся Обком комсомола. Его руководители пришли в Харьковское отделение Союза художников и приказали за короткий срок поставить воспитательную работу с творческой молодежью на хороший уровень. Я и Бах выступали на телевидении — приглашали всех творческих ребят на просмотр работ в Союз художников. Вот тогда Бах и объявил о поэте Лимонове на весь город — с телеэкрана. А Сизиков тогда так напугался, что быстренько организовал Молодежную секцию. После просмотра работ молодых художников, которые в большинстве оказались воспитанниками Щеглова, все работы были забракованы, кроме моих. Ну да, Бахчанян показался им чем-то интересен, он принес какую-то абстракцию, про которую еще Ермилов говорил: «Бахчанян эмалью дрищет»…» В общем, в результате просмотра никого не пригласили, кроме меня. А я из солидарности отказался — раз других ребят не принимают… На просмотр приходили наши друзья поэты — Лимонов и Филатов. Бах их представлял картинно, как в шоу. Он выставил вправо руку и громко прокричал: «К нам пришел харьковский поэт Аркадий Филатов!!!». Поэты принесли с собой сверток, обернутый в газету. В ней был кирпич. Художники сделали вид, что никакого кирпича нет, что не заметили его… В общем, на том и кончилось наше желание поступать в Молодежную секцию…»

В. Григоров: «В то лето мы — я, Толя Крынский и Олег Шабельский — сделали, как сейчас говорят, «совместный проект» — путеводитель по Харькову. Где мы только не были, кого только не снимали! Ученые, актеры, художники… Я в этот проект и Бахчаняна приспособил, он делал заставки. Получился у нас очень интересный псевдоним: «КГБ» — «Крынский, Григоров, Бахчанян»… Потом мы поехали на Кавказ — Грузия, Армения… Какая увлекательная была поездка! Повезло познакомиться с Ладо Гудиашвили… Были в его доме — двухэтажный особняк, стрельчатые окна… Ладо жил тогда тем, что расписывал церкви. Рассказывал нам о Париже и Модильяни, показывал его наброски девушек из уличного кафе. Модильяни хотел подарить их девицам, но они отказались — восприняли как форму приставания… И тогда Модильяни подарил свои рисунки Ладо…»

Бахчанян сделал Кафку былью в Харькове

Именем автора можно сыграть, как мячиком на приеме у продвинутого психотерапевти. Тест: «Бахчанян», мгновенный отклик: «Тот, кто Кафку сделал былью».
Г. Амелин

Чуть раньше, в 1963-м, в Харькове Бахчанян увлекся новым для себя искусством коллажа — и, заметим, изначально применил его не только в карикатуре. В его сознании коллаж никогда не был принадлежностью только изобразительного искусства. Коллаж стал способом его общения с миром, формой самовыражения… Было это так. Осенью 1963 г. в Москву привезли первую выставку американского искусства и Крынский с Бахчаняном поехали туда, с целью заодно посетить В. Резникова, фотографа журнала «Советский Союз», который и помог молодым фанатам авангарда увидеть мастерские московского андеграундного искусства.

А. Крынский: «Так я и Володя побывали у Яковлева, Янкелевского, Гробмана, Брусиловского, Ситникова и это было нечто такое, что перевернуло наше сознание и мы решили, что в Харькове нам делать нечего, мы должны во чтобы то ни стало перебраться в Москву… Возвращаясь назад, познакомившись с Анатолием Рафаиловичем Брусиловским и увидели с Бахчаняном коллажи, которые его потрясли… Вернувшись в Харьков, он стал активно использовать ножницы, журналы и резиновый клей, ни о каком рисовании и речи не шло. Работая в газете, я мог привлекать его к работе (давать заказы) и, естественно, я предложил ему делать иллюстрации к юмористическим рассказам. Ответственному секретарю Моргуну его картинки не нравились, но я его убедил и Бахчаняну позволили их делать…»

В 1965 году Бахчанян сделал подарок родному городу, навеки прославивший Харьков и любимое кафе «Пулемет». (Очень жаль, что возродившегося года два назад кафе, перекрещеного в «Кулемет» уже нет на литературной карте Харькова). Подарок этот — знаменитая бахчаняновская фраза: «Мы рождены, чтоб Кафку сделать былью!»

В. Бахчанян: «Мы рождены, чтоб Кафку сделать былью» я придумал, когда вышел однотомник Кафки. Мы болтали втроем... Оба приятеля, что были при этом, сейчас далеко... Юра Милославский,.. Эдик Лимонов. Вот они присутствовали при рождении этой фразы. Мы были чуть навеселе — это самое лучшее состояние, когда не пьян, а чуть навеселе. Полтора-два стаканчика — и ты в самом лучшем состоянии, чтобы заниматься словотворчеством. Впрочем, оно тут же уходило в фольклор. Иногда ко мне и возвращалось — уже безымянным...» (из интервью Е. Дьяковой).

А это другая версия Бахчаняна: «Арканов считает, что это он придумал. Недавно Генис прислал мне по Интернету статью Ваншенкина из «Знамени», где он пишет, как, сидя и выпивая в 70-х годах на даче, Арсений Тарковский произнес эту фразу. Я помню, когда я это произнес. Это было в Харькове, еще до переезда в 67-м году в Москву. Только что вышел черный однотомник Кафки. Мы сидели у кафе-автомата, ...бузили, пили «биомицин», — «Біле Міцне», знаменитое крымское вино, — были «под биомицином». Лимонов, Юрий Милославский, поэт Мотрич, и пришел Толя Мелихов — главный доставатель книг. Он Лимонову достал пятитомник Хлебникова, который тот переписал от руки. И он говорит: «Вот, Кафку купил». И тут же я ему выдал: «Мы рождены, чтоб Кафку сделать былью!» (Вагрич Бахчанян во «Времени МН»). Редко когда с такой точностью можно установить географическую точку и дату появления шедевра...

Собственно, может сложиться впечатление, что Бахчанян в Харькове ничего, кроме этого не успел. Но это не так. Бахчанян стал собой, Бахчаняном, именно в Харькове. Коллажи и шаржи, афоризмы и выставки — все это уже было в его жизни здесь, в Харькове. Кроме «Кафки» можно привести и другие примеры. Об одном из них мне рассказал искусствовед А. Житницкий: «У Баха был странно остроумный талант... Он мог торчать у театра с вопросом: «Нет ли лишнего партбилетика?...»

В 1967 году Бахчанян покинул Харьков. Он увозил из него лишь жену и свой блестящий талант пересмешника, интерпретатора и выдумщика. Что же до харьковских художественных экспериментов — у автора они не сохранились: «...я все раздал еще в Харькове. Шел на тусовку с работами в папочке, раскладывал прямо в парке, на улице. Кому нравилось, тот брал...» (из интервью В. Дьяконову).

Мне казалось, что ничего из этих работ в Харькове не найти, но неожиданно у одного из харьковских соучеников Бахчаняна, В. Григорова, я нашла пару монотипий харьковского периода — из серии «Короли». Так у меня появилась надежда, что у кого-то из коллекционеров все-таки всплывут его работы… А у Бахчаняна с тех пор начала складываться привычка каждый раз начинать жизнь с чистого листа, а прошлое оставлять в прошлом. Правда, харьковское прошлое все же иногда догоняло — в Москве и даже за океаном. Бахчаняна и Крынского — они уже жили в Нью-Йорке, Брусиловского — в Кельне, Милославского — в Америке, Лимонова — в Москве…

В. Бахчанян: «Художники из харьковского Союза постоянно писали в Москву кляузы на меня. Мол, что вы даете работу не нашему человеку. Для них репродукцию напечатать в «Советской культуре» было событием, банкеты устраивались. А тут какой-то Бахчанян каждую неделю публикуется в центральной газете…» (из интервью В. Дьяконову).

Позже, в 90-х в газете «Вечерний Харьков» один из их общих друзей, Аркадий Филатов, опубликовал статью об эмигрантах — «Эмигранты. Отражение в зеркале». Грустную, искреннюю, но все же заказную. Мол, плохо им там, уехавшим. Приводил в пример Михаила Козакова, Валентина Никулина. И о своих бывших друзьях вспомнил: «…харьковчанин Толик Крынский, умевший в искусстве едва ли не все, кроме как приспосабливаться. Что-то ни звука о его успехах оттуда. И то же — с Вагричем Бахчаняном, Юрой Милославским, когда-то очень заметными в Харькове, не говоря уже о всех прочих…»

Ошибся тогда Филатов. Те, кто дома, в СССР, имели смелость быть кем-то, и за океаном остались собой. Остались в творчестве, остались людьми — независимо от того, в каких отношениях они оказались с новой для себя действительностью. Впрочем, оставшиеся дома, должны были иметь еще большую смелость — быть собой во что бы то ни стало. Когда-то тесный и веселый круг друзей разделился — на тех, кто уехал (имел смелость!), и тех, кто оставался в Харькове.

А. Крынский: «Каждый из нас того периода начала 60-х. искал своё место, Григоров остался верен себе до конца делая замечательные акварели, я же занимался бесконечными поисками, чем и занимаюсь сегодня, Эдичка ударился в политику, а Вагрич — в написание 12 томов «литературного» творчества…»

А что же Харьков?.. Из Москвы Вагрич еще приезжал. А, уехав в США, сделал город своего детства далеким сказочным Гдетотамом, о котором мечталось… издалека.

А. Брусиловский: «Он постоянно рассказывает бесконечные саги о похождениях своих харьковских знакомцев — Свинкина и Блинкина, очевидно, местных оригиналов. Сначала — об их жизни «тут», потом персонажи переселяются «туда». В Америку. Бах переходит от реальных историй, «трёпа», к фантазиям на темы, что же делают Свинкин и Блинкин в США? Сага похожа на комикс с продолжениями, изобилует необычайными ситуациями на которые он, Бах, мастак…»

Судьбоносный прыжок

Собственно, в Москве Бахчаняна не ждали. Как не ждут и сейчас набегающих туда провинциалов, пытающихся штурмовать ее неприступные каменные твердыни. Правда, у него был знакомый, Анатолий Брусиловский, который сам несколько лет назад приехал в Москву и даже успел обзавестись собственной мастерской. Сегодня это знаменитая «Студия Брусиловского», великолепный арт-объект, созданный неутомимым преобразователем мира, «отцом» боди-арта.

А. Брусиловский: «Итак, Бах готовится к судьбоносному прыжку в неизвестность. Москва, режим прописки, неприкаянность, отсутствие денег. Проблемы, страхи... Пока же он пишет забавные письма новому московскому другу. На машинке без буквы «а». Фотооткрытка — провинциальный изыск, двое котят снабжены подписью: «Верные друзья ПирОт и БОрсик!» Письма были украшены забавными рисунками самого Баха... Наконец он приезжает. С ним его жена, бледненькая, худосочная Ирочка Савинова. Я размещаю его в своей тогда еще подвальной мастерской, Ирочка где-то в другом месте. Несколько дней — и Бах обрастает южной щетиной — абрек какой-то! — он курит до одури и сильно страдает. Подполье! Он боится выходить наружу — нет московской прописки! Он пытается работать — но, чужая мастерская, работы на стенах, столах — чужая аура давит! К тому же его ночные бдения, свет в окошке, замечает бдительный участковый. Я вызван и обложен штрафом. В мастерской жить нельзя!.. Приходится Баху покинуть уже обжитой подвал... Через какое-то время я отвожу его во вновь созданную толстую газету «Неделю». У меня там хорошие позиции. Там заправляет команда Веселовского, ребята молодые, хотят поддержать дух «оттепели». Под мою ответственность ему предлагают работу. Бах начинает печатать свои афоризмы...»

Кроме Бахчаняна в Москве оказались тогда и Э. Лимонов, А. Крынский. Круг их общения в Москве значительно расширился — Г. Сапгир, Ю. Соостер, Е. Кропивницкий... Осваивая пространство Москвы, Вагрич и Лимонов плотно вписались в мир неофициального искусства.

Атмосфера художественной Москвы шестидесятых годов замечательно описана в книге Ильи Кабакова: «Самое интересное в 60-х годах — особый климат подпольной художественной жизни, который присутствовал как густой настой, во всех мастерских-подвалах, комнатушках, где обитала художественная богема... климат содружества был так характерен для жизни этих художников, поэтов, джазменов, писателей, как бы по счастливой случайности встречавшихся в одном слое Москвы в это время. ... полное знание и обсуждение всего, что делалось в мастерских, открытый и постоянный показ всего друг другу и электризующая, невротическая атмосфера опасности «сверху», от «них», готовых к истреблению всей нашей жизни, такой «несанкционированной»...

Постоянное желание выставляться «как все» создавало особый воздух общественной жизни, связанной с подпольем...» (Кабаков И. 60-70-е... Записки о неофициальной жизни в Москве. — М.: Новое литературное обозрение, 2008).

Приятели пришлись ко двору в «лианозовской группе», в которую входили Е. Кропивницкий и Г. Сапгир. У Кропивницкого была «фишка»: рукописные книжечки собственноручно иллюстрировались, раскрашивались акварелью и темперой и переплетались в обложки с цветным ситчиком. Лимонов же стал печатать свои первые книжки на машинке — на серой оберточной бумаге, в нескольких экземплярах, переплетая их в простой упаковочный картон. Самиздатская книга, неотъемлемый элемент неофициальной культуры, тут же стала предметом искусства и коллекционирования. Вероятно, к таким книжкам прикладывал руку и Бахчанян — уже в Америке он станет участником выставки советского самиздата, организованной Герловиными.

«Литературка»: Гений 16-й страницы

«Литературная газета», лидер советских продаж, которую прочитывали от корки до корки, стала плацдармом мировой известности концептуалиста Бахчаняна. В 1967-м «Литературка» была относительно свободной газетой, цензура присутствовала, но не слишком навязчиво. Почти сразу там появился юмористический раздел, который назвали «Клуб «12 стульев», или попросту — «ДС». Наполнение — юмористические рассказы, стихи, фельетоны, сатирические картинки, карикатуры. Это была другая карикатура — не такая, как в «Крокодиле» — мягкая, интеллигентная... Позже ее назвали «карикатурой чудаков».

Ю. Акопян: «Первыми у нас в середине 60-х были Олег Теслер и Андрей Некрасов. К концу десятилетия появились «Чудаки» в «Литературной газете»: Владимир Иванов, Вагрич Бахчанян, Игорь Макаров, Виталий Песков, Сергей Тюнин, Михаил Златковский, Валентин Розанцев. За пределами группы можно назвать Вадима Коноплянского и глубоко андерграундного Вячеслава Сысоева...» (Акопян Ю. Искусство валять дурака, http://cartoonia.net/index.php?option=com_content&task=view&id=350&Itemid=55).

И в этом направлении Бахчанян оказался одним из первых. Героем Бахчаняна и его друзей в «Литературной газете» стал выдуманный персонаж — Евгений Сазонов, «писатель-людовед», тонкий знаток человеческих душ. Он впервые появился на 16 полосе в качестве автора романа «Бурный поток» 4 января 1967 г. Идею образа подал режиссер и драматург Марк Розовский. Илья Суслов и Виктор Веселовский писали «роман» в форме пародии: «одна глава — одно предложение». Потом Вагрич стал придумывать «идиотские вещи» для своего героя...

И. Коршикова: «Было это где-то на второй год существования «ДС», году в 1968-м... Вагрич нарисовал надувной топор с прилагающимся к нему насосом... А как-то пришел в редакцию человек с явно военной выправкой, представился: майор Алекс Ковалев. И изложил свою идею. В его подчинении работает бригада, которая может сделать полный комплект необходимых для Евг. Сазонова предметов по эскизам художников клуба «ДС». Веселовский тут же привел майора к художникам. И работа по созданию эскизов закипела с новой силой. А честный майор приносил в редакцию готовые образцы. Правда, далеко не все задуманное и нарисованное художниками смогло воплотиться в жизнь. К слову сказать, надувной молоток Вагрича сделать подручным майора так и не удалось...» (Коршикова И. Виталию от Ирины, памяти художника Виталия Пескова, http://cartoonia.net/index.php?option=com_content&task=view&id=357&Itemid=55)

А. Генис: «В Москве Вагрич быстро стал любимцем. С ним привыкли обращаться как с фольклорным персонажем. Одни пересказывали его шутки, другие присваивали. Широкий, хоть и негласный успех бахчаняновских акций помешал разобраться в их сути. Его художество приняли за анекдот, тогда как оно было чистым экспериментом...»

В. Бахчанян: «Я лично работал на 16 странице 7 лет, с самого начала большой «Литературки», буквально с первых номеров и до 74 года. В 73 уже стали давить, придавливать нас потихонечку. Мне даже был сделан такой указ Тертеряна, который был куратор 16 страницы, указание или приказание, чтобы Бахчанян делал коллажи максимум из двух компонентов. Это на полном серьезе. Я до сих пор не знаю, что это такое... Компонент — это глаз и рука, например. А если глаз, рука и нога — это уже... ...в 74 г. я уже уехал. Со мной, конечно, были проблемы все время у Веселовского и Суслова. Потому что из Харькова пришло письмо от Союза художников: кого вы печатаете, это такой антисоветчик... Я не думаю, что это была специальная программа, просто это была нормальная реакция на жизнь. Когда я придумал в Харькове Маозаленин...» (из интервью В. Шендеровичу).

В. Бахчанян: «... в «Литературке»... не имело значения, начинающий это автор или именитый. Кукрыниксы, принося рисунки, очень комплексовали по этому поводу... однажды они принесли довольно вялые рисунки. Илья Петрович Суслов, который их принимал, мялся, потом говорит: «Ну, оставьте». Они ушли, а через несколько минут его вызывает Чаковский. Оказывается, они пошли жаловаться главному редактору. Суслов возвращается злой, раскрасневшийся: «Чак заставил печатать...» А я сидел там и говорю: «Да гоните их в три шеи!» Три шеи Илью Петровича развеселили, и он немного отошел (из интервью И. Шевелеву).

Сегодня имя Бахчаняна ассоциируется с возрождением коллажа — искусства соединения разнородных элементов в единое целое, приобретающее некий новый смысл. Коллаж для Бахчаняна — больше, нежели техника или художественный прием, это способ мышления. Бахчанян превратил избитые советские символы в абсурд и сюр.

В. Бахчанян: «…мне очень помог журнал «Польша», который выходил на русском языке. Вообще представьте себе: в газетном киоске, рядом со всей советской серостью, лежит красивый польский журнал с абстракцией на обложке. Так и было, я не шучу. А слева — «Огонек». Контраст производил огромное впечатление…» Тысячи людей проходили мимо киосков с журналами, сотни из них были художниками, но только Брусиловский, а вслед за ним и Бахчанян, увидели в этом неисчерпаемые возможности создания чего-то нового. Что необыкновенного в ножницах, журнальных картинках и резиновом клее? Но руки и прихотливое воображение Вагрича, сменяя контекст, создавали новые неожиданные образы, заставляющие остановиться, засмеяться, ужаснуться, улыбнуться, задуматься…

В. Бахчанян: «…это происходит автоматически, когда, как бык на красное, реагируешь на какое-то клише. Иногда ночью что-то приходит в голову. Я не всегда записываю, к сожалению, и иногда не могу вспомнить, что же такое потрясающее придумал…» (из интервью И. Шевелеву). «…Многие шутки было даже опасно записывать. Скажем, «Подземный переход от социализма к коммунизму» распространялся только устно. Или «Маозаленин». Или «Дурная слава КПСС». К столетию Ленина я придумал переименовать город Владимир в город Владимир Ильич. Это тоже пошло в народ, и теперь кто-то предложил переименовать его во Владимир Вольфович. То есть шутки переходят в анекдоты. В Израиле была издана какая-то книга, я ее даже не видел, а только читал на нее рецензию — так вот: в этой рецензии в качестве цитат из книги приведены три мои шутки! Например, «В Одессе открылся тир имени Фанни Каплан»…» (из интервью В.Кичина)

В. Бахчанян: «У меня еще до отъезда были неприятности с публикациями, особенно с текстовыми. Когда-то в «Литературке» напечатали так называемое произведение «Человек»… Оно состоит из эпитетов. Человек был молодой, здоровый, сильный, крепкий… постепенно переходит в — наивный, глуповатый, неряшливый, неотесанный… а заканчивается — злой, подлый, трусливый, жестокий, старый. Это напечатали с большим трудом, между прочим, как ироническую прозу. Через две или три недели приходит гневное письмо от старых большевиков. Смысл такой — мы, старые большевики, прочли пасквиль в вашей газете. Мы не стали сразу писать письмо, ждали следующего номера и опровержения. Но его не последовало. Мы сразу поняли, что речь идет о нас. Это мы были молодые, хорошие, а стали подлыми и злыми дураками… … надо было на него отвечать, потому что они написали не на 16-ю полосу и даже не главному редактору, а в ЦК. Оттуда передали Чаковскому, Чаковский — Веселовскому, Веселовский спрашивает: «Что отвечать?» Я говорю: «Не знаю. Я же не думал о старых большевиках. Я думал о себе…» (из интервью И. Шевелеву).

В. Бахчанян: «А когда уже в Москве Лимонов расписался в загсе со Щаповой и должен был получить прописку, его вызвали на Лубянку. Мы жили тогда на Пушкинской, и он после этого посещения зашел прямо к нам, весь зарумяненный и несколько напуганный. И он говорит: «Знаешь, Вагрич, какой мне вопрос задали первым?» Я говорю: «Какой?» — «Почему ваш друг Бахчанян так ненавидит советскую власть?» — «И что ты ответил?» — «Я сказал: потому что у него нет квартиры!» (из интервью И. Шевелеву).

В. Бахчанян: «Последней каплей стала история, когда Лев Николаевич Токарев, толковый специалист по французской литературе, работавший в «Литературной газете», получил квартиру в новостройке, и освободилась жилплощадь… в коммуналке возле Гоголевского бульвара. Это была даже не комната, а отгороженная часть коридора. Такая узкая кишка, в которой, когда он раскрывал раскладушку, к столу было не пройти. И он говорит: «Бах, эта комната отдается «Литгазете», попробуй, может, тебе дадут?» Я в штате не был, но был постоянным сотрудником, у меня было удостоверение для отмазки от милиции. Я пошел к Веселовскому, заведующему отделом юмора, тот написал заявление на имя Чаковского. Чак держал его дня два или три, а потом вернул, не подписав. Ну, отдали бы эту конуру кому-нибудь другому, я бы не обиделся, а то ведь она просто городу отошла. Как ни странно, это стало последней каплей…». (из интервью И. Шевелеву).

«Сказать, что я уехал по политическим мотивам, я не могу. Тот же Суслов, например, одергивал меня, говоря, что в большой комнате «Литературки», где делалась 16-я полоса, были подслушивающие устройства. Я говорю: «Илья Петрович, мы столько всего интересного говорим, может, хоть стенограммы когда-нибудь напечатают». Потому что, когда собирались несколько постоянных шутников — Арканов, Брайнин, Владин, Песков, то начиналось соревнование акынов: кто смешнее скажет. Наверняка на Лубянке об этом знали…» (из интервью И. Шевелеву).

Когда Вагричу исполнялось 70 лет, «Литературка» поздравила его — по-бахчяновски. Художник И. Макаров создал целую газету-коллаж — «Правда», где на первой полосе как «высшая мера поощрения» с коллажей «бахают» молотки и пушки и в едином порыве выстреливали его псевдоним: Бах!», «Бах!», «Бах!», а на передовице — советский лозунг на красном кумаче: «Страна процветает! Достаток растет! И ширится угля добыча! Все чаще смеется счастливый народ над шутками Вагрич Акопыча!»

Оси, траектории, следы…

«…художественная жизнь состоит из нескольких компонентов: прокладывания осей, выполнения траекторий и оставления следов. Вклад художника в запасник культуры определяется доминированием этих фаз или этапов в его деятельности. Чаще всего три компонента проходят независимо от сознания художника… «Утрата осей ведет к потере сознательности», — утверждал Ларошфуко. Там, где оси колеблются, происходят загадочные вещи…»

В. Ландкоф. За тех, кто в Шаре.

Я не напрасно начала послесловие цитатой из романа еще одного харьковского соученика Бахчаняна, архитектора и художника Владимира Ландкофа — или попросту, Димса. Он живет в Германии и пишет романы, в которых художественным контекстом является Харьков шестидесятых, откуда родом и Бахчанян, и Ландкоф, и Брусиловский, и Лимонов, и Крынский, и Милославский, и.., и.., и… Очевидно теперь, что тогда в Харькове, разрушенном, голодном, придавленном идеологически произошел тихий культурный взрыв — та самая «загадочная вещь» Ландкофа, во время которой то, что было в нем свободного, здорового, не зараженного рабством и рвачеством, выросло, окрепло, выплеснулось и… оплодотворило собою многие культурные ландшафты мира.

Афиша литературного вечера памяти Вагрича Бахчаняна и Владимира Мотрича в Нью-Йорке. 2009 г.

О Бахчаняне лично и не лично рассказали мне ироничный Брусиловский, романтические Милославский и Лимонов, критичный Крынский, ласковый Григоров… Нашла ли я, что искала? Оси, траектории, следы… Пожалуй, да, и — гораздо больше, чем искала. Нашла их, живых, молодых, трепетных, увидела время ИХ ГЛАЗАМИ…

Ю. Милославский: «Художник Витя Гонтаров написал года три назад картину под названием «Пулемет» — кафе-автомат «Харків'янка», длинная лжемраморная кишка с аппендиксом-баром, где подавали коктейль «Николашка»: рюмка плохого коньяку, в ней плавает колесико лимона, а на лимоне — четверть ложечки молотого кофе насыпано. Кто это придумал, что за Николашка? неужто последний Император?

Итак, картина «Пулемет», в рамках которой все мы пьем тройной кофе с одинарным сахаром за шестнадцать копеек. Сготовила кофе — тетя Женя. Слева направо (справа налево? по диагонали? картину-то я не видел): безумный художник Григоров с безумною подругой Машей

Култаевой; портативный и веселый Вагрич Бахчанян; светлый Лимонов в красивом костюме заглянул; Кадя-Аркадий Филатов, прилично одетый в чехословацкую фланелевую ковбойку, со стрельнутою сигаретой за ухом; сенильная стихотворица Ирина под псевдонимом Дальняя, декламирует, задирая ноги; горделивый и плотный Олег Спинер, существующий отдельно, философически, имманентно; а у входа в «Пулемет» — наши мертвецы: Аркадий Беседин — узкоглазый, широкогубый, скуластый, на носу — оправа от разбитых ментами очков, — стеклами он и порезал себе вены; морячок Видченко; тоталитарный коммунист Алик Брагинский: «Старик, не грусти! Сегодня по секретному проводу звонил в Москву — не позже чем через сорок восемь часов мои танки будут здесь!!! Всех! всех!! всех!!! истребим на хуй!!! Мои танки под командованием маршала Жукова приближаются к осиному гнезду!!! Смер-р-рть!!!»...

Попытка эксгумации, бессмысленный вой переклички. Кого не назвал — простите.

... И Мотрич избитый, в зеленке и йоде, изящно валится с копыт...»

(По изд.: Кузьминский К. К., Ковалев Г. Л. Антология новейшей русской поэзии = THE BLUE LAGOON: ANTOLOGY OF MODERN RUSSIAN POETRY у Голубой лагуны: в 5 т., 9 кн. / by K. Kuzminsky & G. Kovalev. — Oriental Research Partners. Newtonville, Mass., 1980-1986, т. 3А, 1986. Электронная публикация Антологии: avk, 2006).

В 1973-м Эдуард Лимонов осмотрит любимые харьковские места своим поэтически-ностальгическим взглядом и предстанет его взору пустыня:

Город сгнил, сгнили люди
Что на месте Харькова будет?
Были юноши и был пыл
Кто на месте нас себя расположил?
Какие Мотричи по садам стихи читают
Какие Басовы сюрреалистов открывают
В кафе пьет кофе ли Лимонов новый
Иль Харьков же рабочий и здоровый?
А новый Бах проходит ли теперь? Он армянин?
Наверно Поль остался там один
Еще красивый постаревший Гена
Если не умерли — сидят подняв колена
Садовые скамейки окружают памятник Шевченко
Людей на дне. Снята с вас Харьков пенка…

Бахмет Татьяна Борисовна родилась в Харькове. Окончила Харьковский институт культуры. Заведует справочно-библиографическим отделом Харьковской городской музыкально-театральной библиотеки им. К. Станиславского. Автор биобиблиографических пособий, рецензий, научных и научно-популярных статей, посвященных истории и культуре Харькова.

ЛЕОНИД ДРОЗНЕР (НЬЮ-ЙОРК)

КТО ТАКОЙ ВАГРИЧ БАХЧАНЯН

На визитной карточке Ваграча Бахчаняна было написано "Художник слова". В двусмысленной форме сообщалось, что он является профессионалом в некой несуществующей области.

Желающие ее осмыслить и по сию пору попадают в подготовленную пустоту — нет такой профессии, а Бахчанян был и оставил многочисленные вещественные доказательства своей жизнедеятельности. По каким законам и критериям о ней судить и как классифицировать — неизвестно.

Пишут "художник" и затем, пошарив в воздухе, с облегчением добавляют через дефис "коллажист", "авангардист" и даже "карикатурист". Прибавляют дежурное про то, что Вагрич является автором псевдонима Эдуарда Савенко и афоризма "Мы рождены, чтоб Кафку сделать былью".

Все вроде бы верно, но картина не складывается. За словами не возникает ни человека, ни его искусства.

Даже проницательный Синявский, назвав Бахчаняна последним футуристом, сказал близко, но неточно. Близко, потому что Вагрич неплохо умел раздавать пощечины вкусу, а неточно, поскольку футуризм — одиозный проект с претензией не всеобщность, который не вяжется с образом Ваграча и его язвительным самоироничным творчеством.

Оно подчеркнуто демократично и охотно входит в игровой контакт со зрителем и читателем, обрастает последователями и эпигонами, и не будучи замкнутым на себя, обманывает видимой принадлежностью к тому или иному художественному направлению.

Оно много говорит и о самом Бахчаняне, но начинает восприниматься цельно только через понимание его личности и авторских намерений.

К примеру, афоризмы Бахчаняна свидетельствуют, что их сочинил очень остроумный человек. Но представляя себе, кто их сочинил, мы скажем, что помимо всего прочего, Вагрич был исключительно остроумным человеком, сочинявшим блестящие афоризмы.

Большинству людей Бахчанян представляется кем-то вроде соц-артиста. Для этого есть некоторые основания — во многих работах он обыгрывал советские клише.

Известностью пользуется серия работ с увеличенными ефимовскими карикатурами, серия сталинских портретов, "натюрморт" с мумией Ленина и т. д. При этом Бахчанян, кажется, не имел четких политических установок, но явно был типичным нонконформистом и воспринимал власть — не только советскую, но и власть вообще —

как неизбежное зло. СССР был для него не столько предметом острой ненависти, сколько цельной и понятной во всех нюансах эстетической мишенью.

По форме выражения, да и по сути, Бахчанян был абсолютно западным художником, но характерно, что американская политика, кстати как и постсоветская российская, практически никогда не становилась объектом его насмешек — что объясняется, вероятно, не столько отсутствием интереса, сколько тактом. Смеяться и даже издеваться простительно над своим, а не над чужим, а в Штатах Вагрич остался эмигрантом. Кроме Советского Союза, своей вотчиной он считал искусство вообще и естественно, что искусство западное "попало под раздачу".

Ирина Бахчанян рассказывает о двух известных хэппенингах Вагрича:

"Первый был 18 ноября 1977 года. "Уважай время" — Вагрич сделал 30 выставок в один день в 30 нью-йоркских галереях, — многих уже нет, — на Мэдисон и в Сохо. Он становился посреди экспозиции в каждой из галерей с плакатом "Уважай время!", его фотографировали и записывали, когда происходило действие. Акция была начата в 12.10 в галерее Аллан Стоун (Allan Stone) и закончена в 4.36 в галерее Сьюзен Колдуэлл (Susan Caldwell).

"Идея хэппенинга в МОМА была "ходячий агитпункт", и действительно: Вагрич ходил по залам, где тогда висел русский авангард, с табличкой "Агитпункт" на лбу.

С ног до головы, и сзади тоже, он был украшен табличками в стиле советских плакатов: текст белой краской по красному полю.

На лбу "Агитпункт", ниже — "Не забуду мать родную", "Пролетарии всех стран, соединяйтесь!", "Осторожно, во дворе злая собака!", "Напевая любовные арии, можно сделаться жертвой аварии", "... цена тому поэту, кто пишет здесь, а не в газете", "Без доклада не входить", на ногах — "Они устали", еще "Сталин — это Ленин сегодня", "Во дворе уборной нет!", "Нет выхода", "Берегись", "Почему нет водки на луне?", "Пива нет" и т. п.

Фотографировали Лев Нисневич, австрийская художница-концептуалистка Лисл Уйвари и я".

Кроме того, что истории сами по себе веселые и яркие, художник продемонстрировал элегантнтый способ обдурить западную галерейную систему. На первый взгляд, он сыграл по ее правилам, а в действительности, заставил принять свои. У Бахчаняна было 30 выставок за один день и персональная выставка в МОМА, что подтверждается документацией.

Объем сочиненных Бахчаняном афоризов, перевертышей и просто гомерически смешных текстов весьма внушителен.

Если вчитаться и прислушаться, в основе многих его, скажем так, шуток лежат не идеологические, моральные или какие-то иные установки, а прежде всего внутренняя необходимость сказать наоборот, разрушить шаблон, вывернуть наизнанку ткань языка. Похожим образом ведут себя дети, пририсовывая усы над лучезарной улыбкой рекламного постера.

Отличие в том, что игра никогда не становилось в исполнении Вагрича чисто деструктивной. Напротив, разоблачая старые смыслы, она всегда приращивала новые.

Но в самом Бахчаняне, в его внешности и в манере говорить, а также в наивности и упрямстве просвечивалось что-то детское, а ребенок, занимающийся творчеством, видимо, был его художественный идеалом.

Речь идет, конечно, не об инфантилизме, а о том, что именно ребенок представляет собой тип по-настоящему внутренне свободного человека, прежде всего — свободного в плане творчества.

Ван Гог, Клее, Миро, поздний Пикассо, Ротко, Ренуар были любимыми художниками Бахчаняна вероятно и потому, что они стремились к чистоте художественного высказывания, к отказу от груза собственного я. В искусстве ему нравилось вовсе не злободневное и даже не скандальное, а идеальное.

И по этой же причине ему было необходимо не только производить самому какие-нибудь артефакты, но и создавать вокруг себя соответствующую идеальную ситуацию, в которой творчество развивалось бы естественным образом.

Первое, что предлагалось всем, кто бывал у него дома, вне зависимости от возраста, известности и степени знакомства, — нарисовать нечто в небольших альбомах. Чаще всего Вагрич настаивал на автопортретах.

Это имело отношение не столько к коллекционированию, сколько к небольшой провокации. Смысл ее заключался в том, чтобы поставить людей в непривычное для них положение и тем самым освободить от самих себя.

Таким образом, жизнь Бахчаняна прдставлятся историей невидимой для постороннего взгляда борьбы отдельно взятого человека за личную свободу от политического, идеологического, культурного и даже языкового гнета.

Сам Бахчанян себя понимал и в одном из последних интервью не зря назвал себя анархистом, имея в виду, что он любил и признавал единственно свой порядок, но органически не переносил порядок навязанный.

Казалось бы, так могут сказать о себе многие. Но одно дело — привычно живя под спудом, болтать о любви к свободе, а другое — последовательно, годами пресекать посягательства на нее.

Умереть, не желая быть рабом обстоятельств — означает если не победу над ними, то почетную ничью.

ВАГРИЧ БАХЧАНЯН

ХУДОЖЕСТВА

VAGRICH BAKHCHANYAN

FIRST RUSSIAN PROPAGANDA ART PERFORMANCE AT MUSEUM OF MODERN ART IN NEW YORK

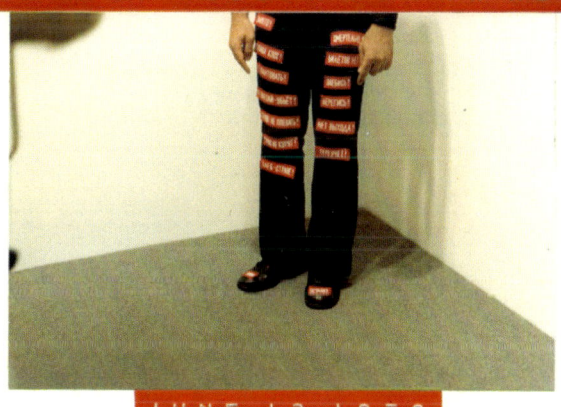

JUNE 13 1978

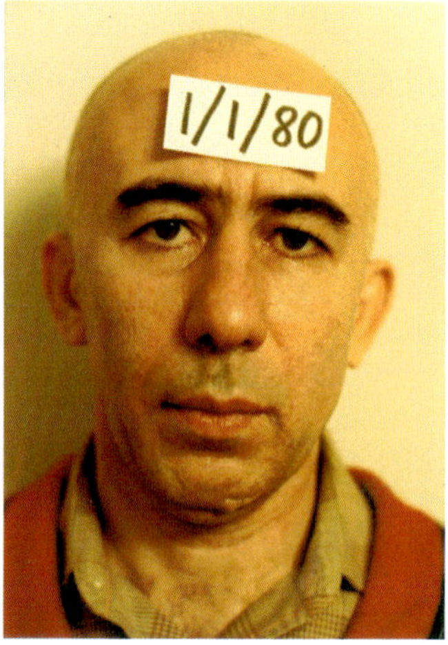
1/1/80

12/31/80

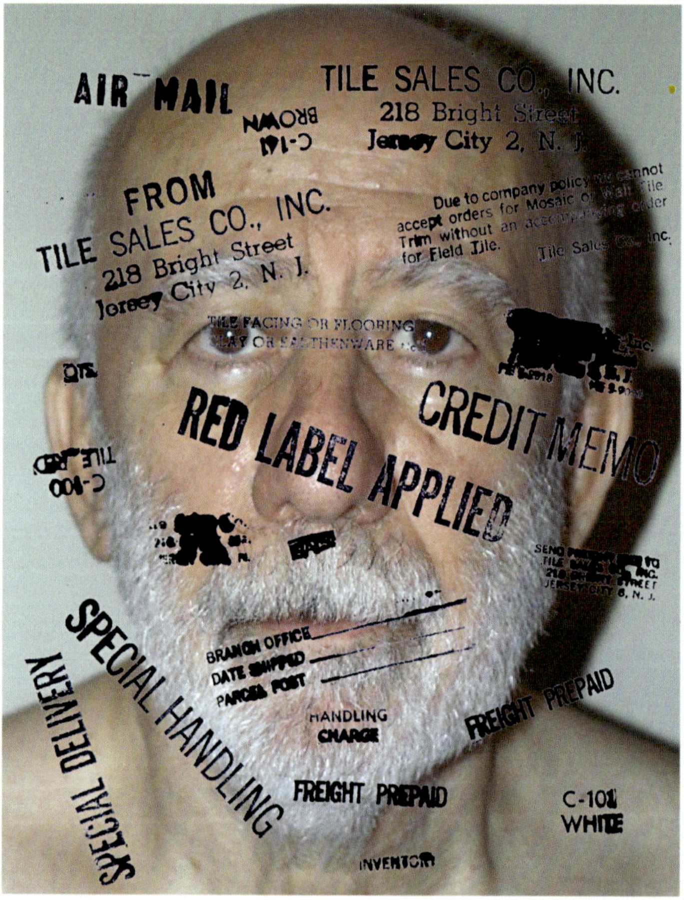
AIR MAIL
TILE SALES CO., INC.
218 Bright Street
Jersey City 2, N. J.
FROM
TILE SALES CO., INC.
218 Bright Street
Jersey City 2, N. J.
Due to company policy we cannot
accept orders for Mosaic or Wall Tile
Trim without an
for Field Tile.
TILE FACING OR FLOORING
CLAY OR EARTHENWARE
RED LABEL APPLIED
CREDIT MEMO
SPECIAL HANDLING
SPECIAL DELIVERY
BRANCH OFFICE
DATE SHIPPED
PARCEL POST
HANDLING
CHARGE
FREIGHT PREPAID
FREIGHT PREPAID
C-101
WHITE

НОВАЯ КОЖА №3 (2010)

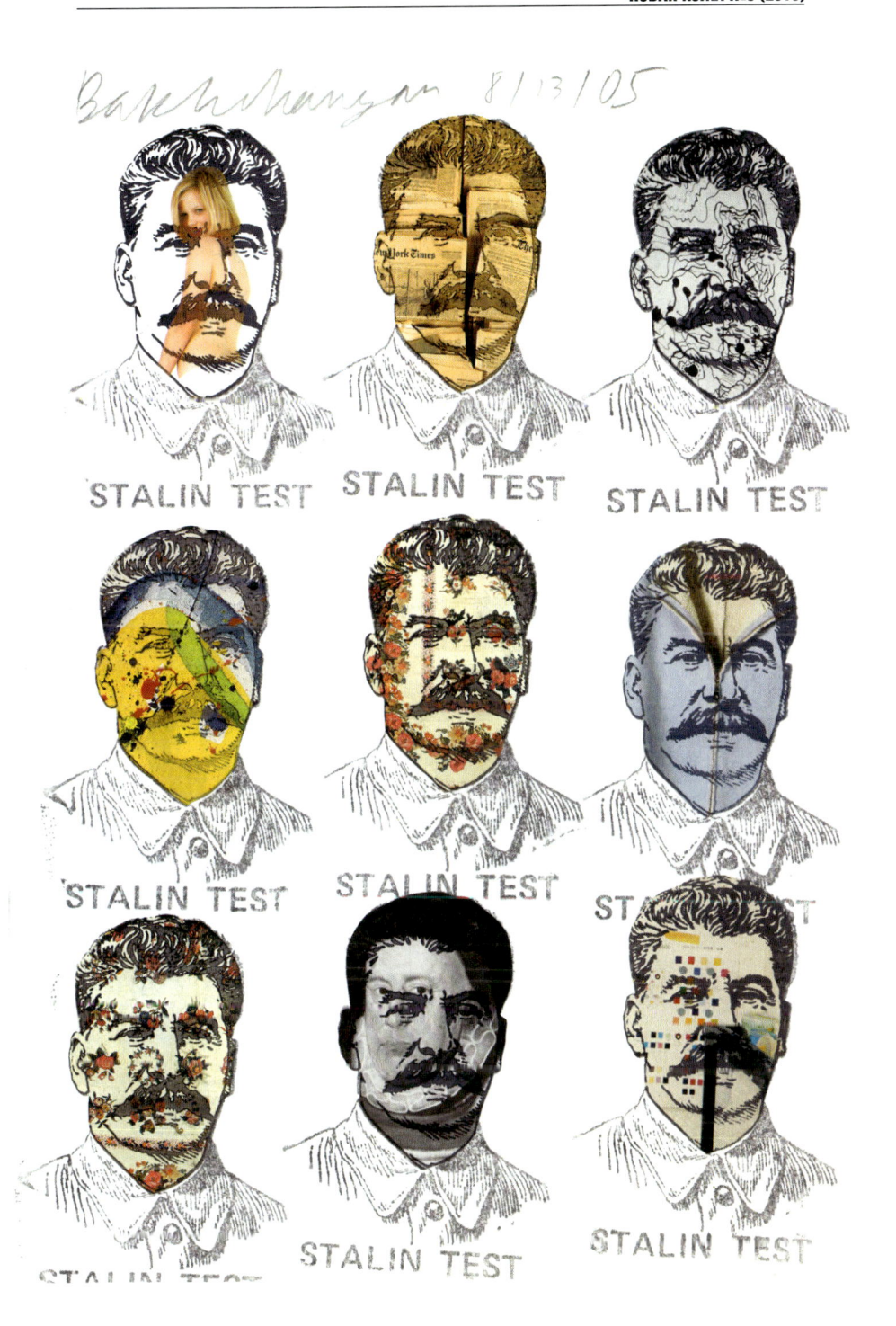

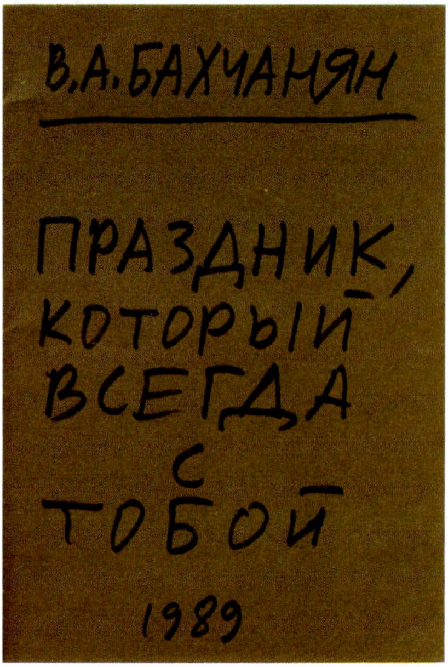
В.А.БАХЧАНЯН
ПРАЗДНИК, КОТОРЫЙ ВСЕГДА С ТОБОЙ
1989

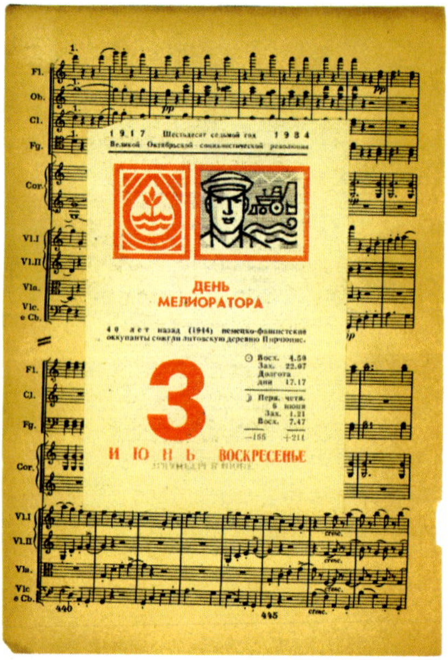
ДЕНЬ МЕЛИОРАТОРА
3
ИЮНЬ ВОСКРЕСЕНЬЕ

VAGRICH BAKHCHANYAN
БЕЛОМОРКАНАЛ
БЕЛОМОРСКИЙ
ИМ. МОСКВЫ
ВОЛГО-ДОН
NEW-YORK 2006

В.А БАХЧАНЯН

СМЫСЛ ЖИЗНИ

2001

2006

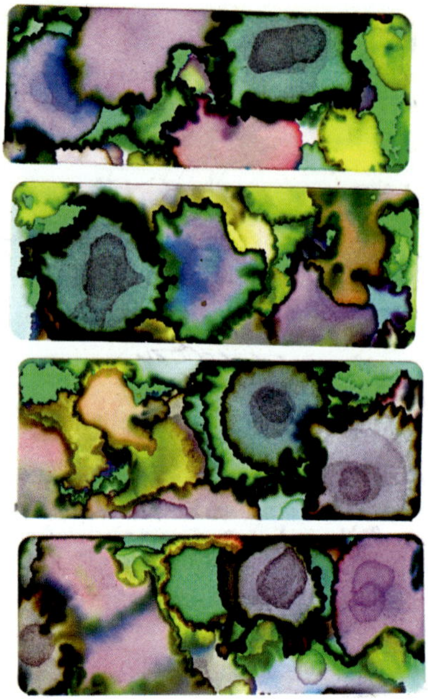

бахчанян 23 мая 2003 года

бахчанян 23 мая 2004 года

бахчанян 23 мая 2005 года

бахчанян 23 мая 2006 года

бахпанян 23 мая 2007 года   бахпанян 23 мая 2008 года

Bakhchanyan 1999

Bakhchanyan 1999

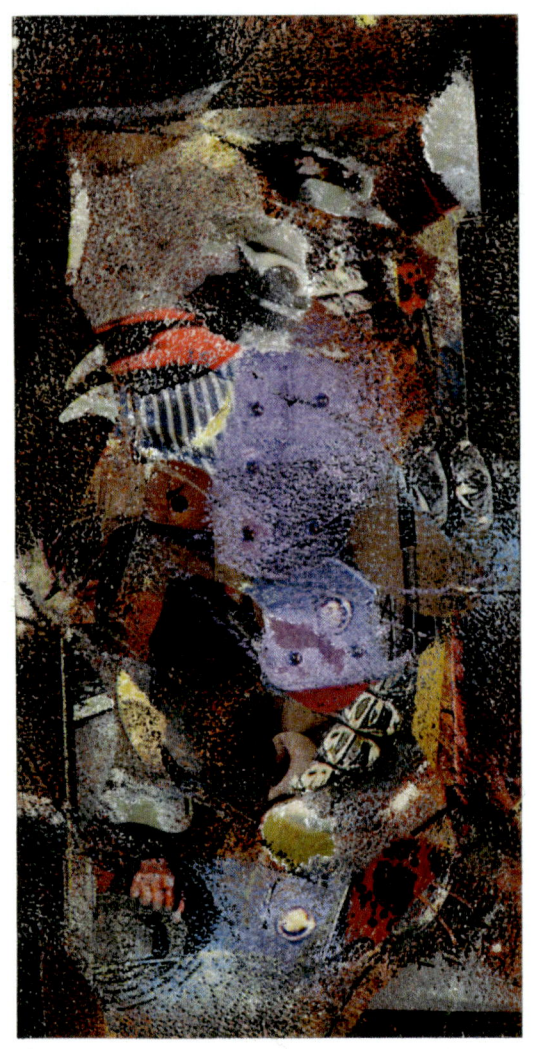

Bakhchanyan 1999

Bakhchanyan 1999

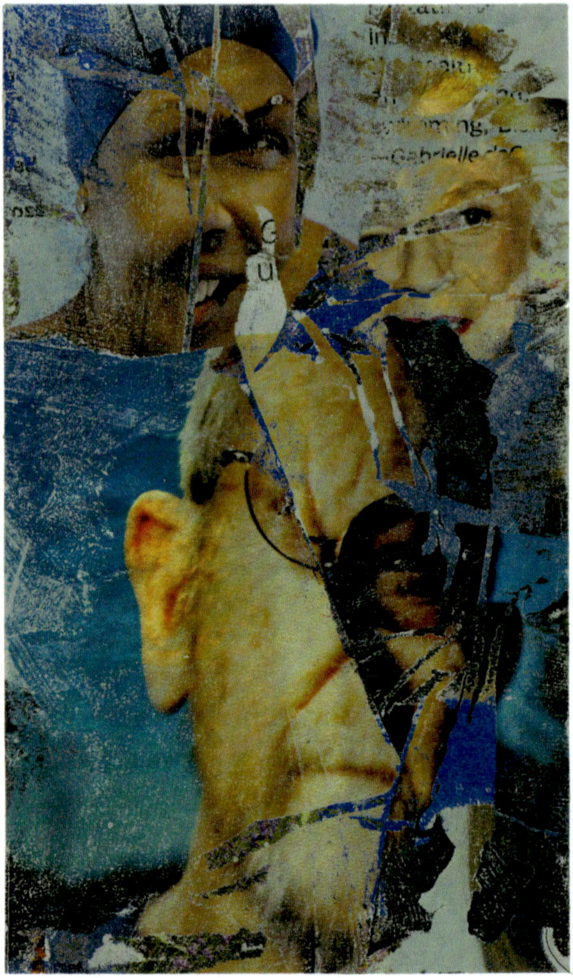

Bakhchanyan 2009

ХУД. М.Б. ГРЕКОВ (1924)
ГОСУДАРСТВЕ
ТРЕТЬЯКОВСКАЯ ГАЛЕРЕЯ · МОСКВА
Bakhchanyan
2009

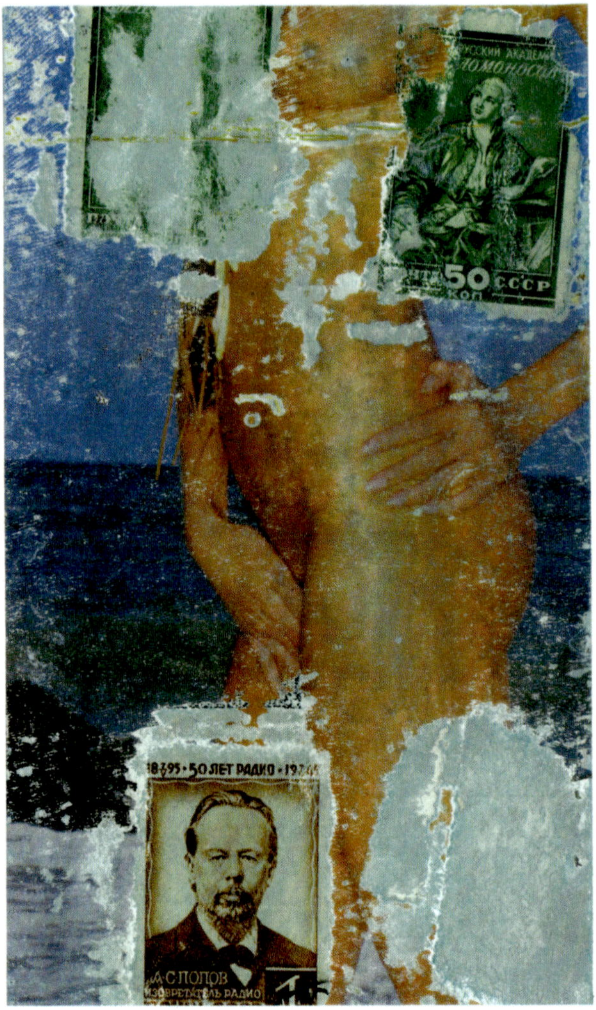

Bakhchanyan 2009

Bakhchanyan 2009

*В студии у Крынского. 1990-е.
Фото А. Крынского.*

*На открытии групповой выставки
в галерее Фельдмана в Сохо. 6 мая 2006 г.
Фото Л. Дрознера.*

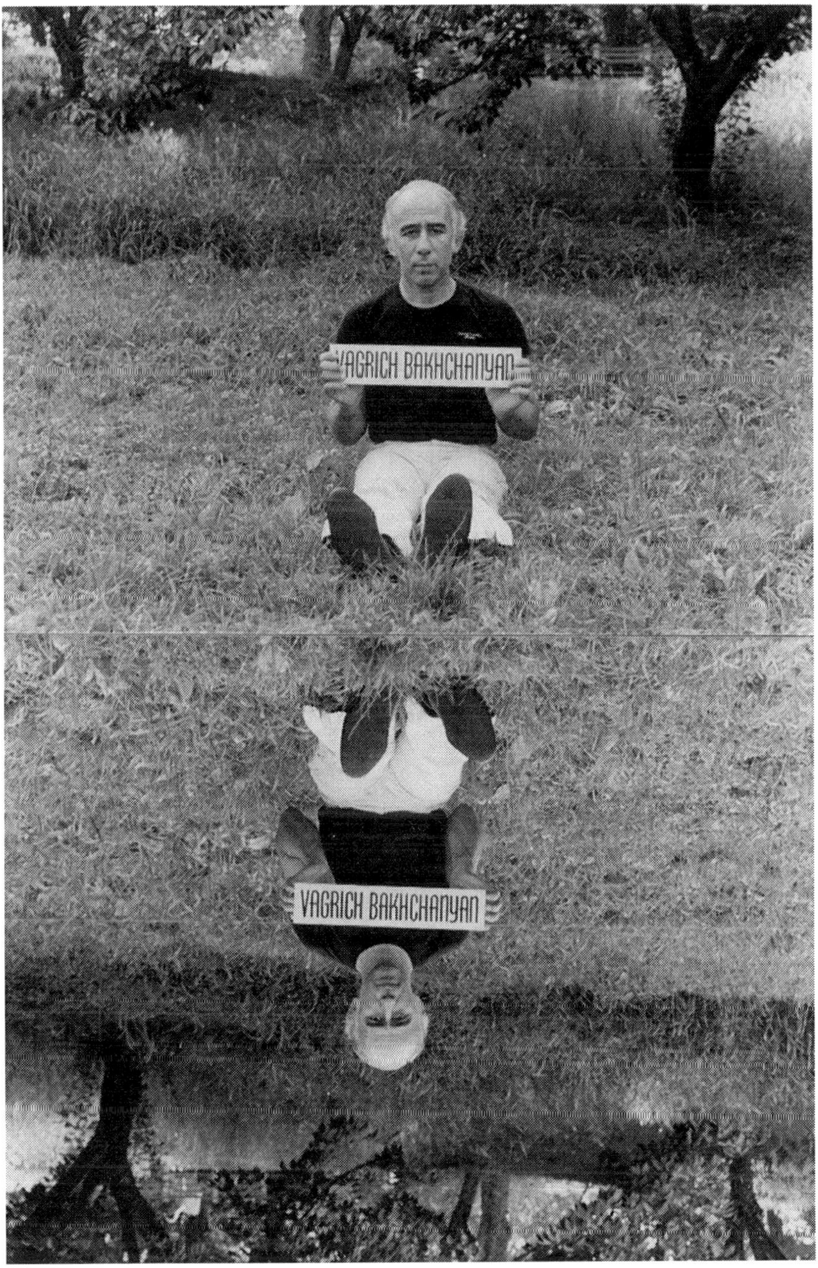
VAGRICH BAKHCHANYAN
VAGRICH BAKHCHANYAN

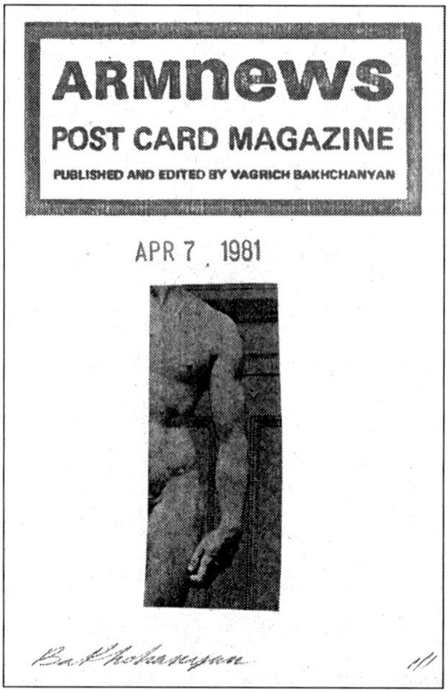
ARMnews
POST CARD MAGAZINE
PUBLISHED AND EDITED BY VAGRICH BAKHCHANYAN
APR 7 , 1981

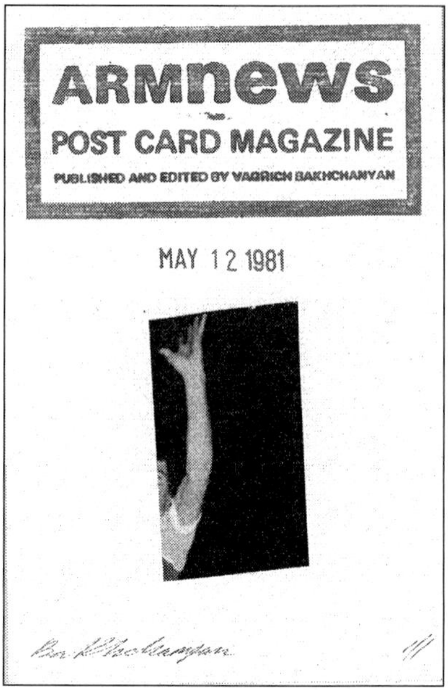
ARMnews
POST CARD MAGAZINE
PUBLISHED AND EDITED BY VAGRICH BAKHCHANYAN
MAY 12 1981

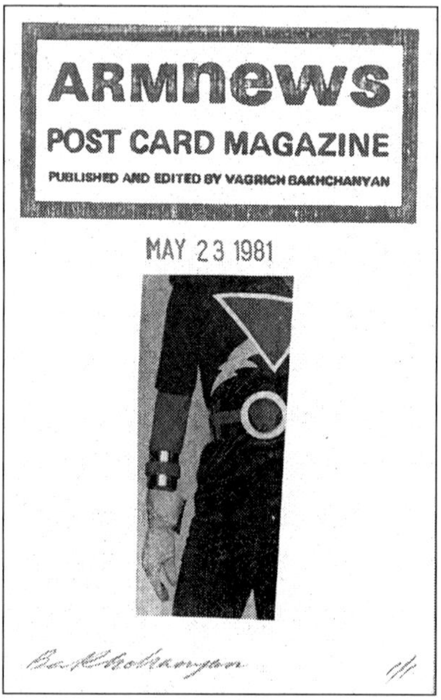
ARMnews
POST CARD MAGAZINE
PUBLISHED AND EDITED BY VAGRICH BAKHCHANYAN
MAY 23 1981

ARMnews
POST CARD MAGAZINE
PUBLISHED AND EDITED BY VAGRICH BAKHCHANYAN
DEC 1 1981

В.А. Бахчанян
ТРОЕ В ЛОДКЕ
(НЕ СЧИТАЯ СОБАКИ БАСКЕРВИЛЕЙ)

В.А. Бахчанян
ЖЕНИТЬБА БАЛЬЗАМИРОВАННОГО

В.А. Бахчанян
ВИТЯЗЬ В ТИГРОВОЙ ШКУРЕ НЕУБИТОГО МЕДВЕДЯ

В.А. Бахчанян
ОТЦЫ И ДЕТИ КАПИТАНА ГРАНТА

В.А. Бахчанян
ПИКОВАЯ ДАМА С СОБАЧКОЙ

В.А. Бахчанян
СОРОЧИНСКАЯ ЯРМАРКА ТЩЕСЛАВИЯ

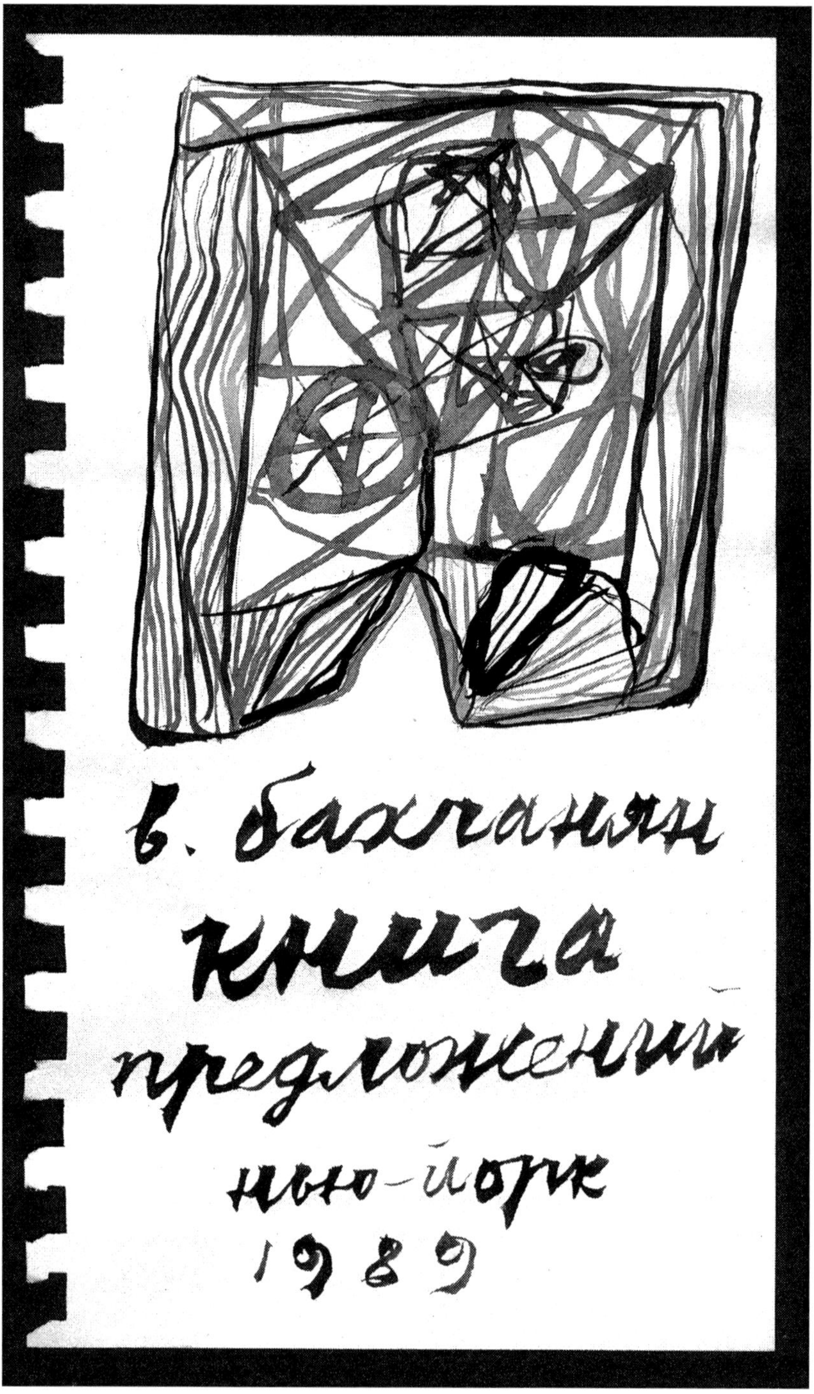
в. бахчанян
книга
предложений
нью-йорк
1989

византийский наплыв елейности по сю сторону времени

ВАГРИЧ БАХЧАНЯН

ИЗ КНИГИ «154 СОЧИНЕНИЯ»: №39-№59[1]

Сочинение № 39

Каждый день кончается ночью. Этот день не был исключением. Солнце горело под потолком. Облака плыли вольным стилем по акварельной голубизне воздуха. Деревья стояли, как вкопанные. Трава росла бурно, стремясь сравняться ростом с человеком, если не взрослым, то хотя бы детским. За неимением вблизи огородов, камни находились на своих местах. Бездомная собака, не подозревая о существовании смерти, рыскала в кустах в поисках съестного. Герой этого рассказа читал газету, сидя на садовой скамейке длинной, как удав. Прочтя газету, герой бросил ее в мусорный бак и пошел в свою квартиру, расположенную в доме на одной из улиц города, в котором он жил много лет и зим (вёсны и осени он проводил вне города). Весна красна помидором. Осень 96-ой пробы. Фригидная зима и сандуновское лето надоели герою очень. Надоело ему и то, что надо есть ежедневно, а то и чаще. В чаще леса под Лиссабоном он умудрился заблудиться, как в Удмуртии, в которой он был пролетом 26 лет назад, направляясь в Баку для возложения цветов у памятника бакинским комиссарам. Из нефти родилась Нефертити, как Венера из пены морской, согласно мифу. Мифология отрицает логику, и это не миф, а реальность, как то, что в Мадриде есть футбольная команда «Реал», а в Москве — «Спартак». Спарта не любила неженок. Обломов немыслим в Спарте, да и Гончаров вряд ли бы ужился со спартанскими нравами. Право, не знаю, о чем еще бы написать для читателей будущих времен и настроений. Эх! Написать бы чего-нибудь такое, чтобы всем всё стало ясно, как божий день, и чтобы всё было просто, как пареная репа. Илья Ефимович сказывал, что картина должна быть веселая, как похороны тирана, и грустная, как его рождение.

Приложение к сочинению №39

Метафорический портрет ближнего своего
Голова садовая, как кольцо
Глаза синие, как утопленник
Нос вздернутый, как Франсуа Вийон
Брови соединяются на переносице, как американские и советские войска на Эльбе
Губы красные, как уголок
Зубы белые, как горячка
Уши острые, как лыжи
Волосы черные, как юмор

---

[1] Сочинения №29–№38 опубликованы в альманахе «Новая Кожа» №2, 2009, стр. 82.

Спина широкая, как страна моя родная
Шея, как у борца за мир между народами
Грудь высокая, как стиль
В плечах косая, как заяц, сажень
Руки мозолистые, как ноги
Ноги короткие, как у лжи
Кожа розовая, как очки
Шляпа зеленая, как змий
Плащ коричневый, как чума

Сочинение №40

Авось да небось была не была белая кобыла бычком сказочным материалом матерой матерью с потерей памяти наугад ползучий по-пластунски Пластов пластмассовой культуры личности раздвоения довоенного великого отечественного отчима от чумы до Цусимы немалые суммы с сумой бредущих буддистов. Три буддиста, три веселых друга, экипаж машины боевой с пожитками еврейскими под громом с чистого неба небылицы ангелов — неба лиц. Лицей лицемеров высшего наказания если раны не боль... Штой-то стало холодать не паралич нам поддать под дубом вековым к столетию вождя дождя бы лучше нам послали а не посла умнее ишака из кишлака кишки наружу на ружье с человеком с большой палец на левой ноге но не Ге писал в штаны (сперва в пеленки) цветы своей пыльцою опылял. Пылал закат дорогой к скатерти столу сто мучеников не справятся с одной "катюшей" как по маслу так и по гуаши или гравюре на самшите который не растет на родине моей.

Продолжение: "Казбек" курю назло козлу от пуза и до корки. Подпорки под портки партийного балета на льду холоднейшей из войн как мать родная а может быть и речь. Я не о том о Томе из хижины с которою воюют все дворцы и их перевороты бараньим глазом в новый мир. Мы ваш вы наш лаваш который едят чучмеки своим ртом и дышат носом глубоко и звучно заученной таблицей умноженья вложенья вкладов в чулок бюстгальтер и кубышку по-испански в военной форме с бородой с сигарой пахнущей говном и калом. Калач ржаной не каланча пылает как жираф в пустыне андалузской...

Конец утерян

Сочинение №41

Завод заводных часов возле часовни в часе езды от частной заводи, которой заведует, не дуя в ус, молокосос-молоканин Птицын, считая ворон белых, как молоко, не скисшее миной с часовым механизмом. Меха Махи обнадеживают одеждой надежной. На Дежнева мысе мыши тише воды минеральной и ниже трын-травы-муравы. Муравьи поучают стрекоз. Козлы отпускают грехи на свободу. Слова из олова и голова. В шляпе очки и диплом дипломата мата, харя которого просит чего-нибудь обожженного. Обожаю Бажана Мыколу. Кому мы мычим и чем? Дальше в лес — больше др. О вещах и щах: щи — вещь отличная через 24 часа после изготовления.

Сочинение №42

Пассажир первого класса с пистолетом для стрельбы в тире, внешне напоминающий грязное пятно на звездочке погона капитана-слащавого царевича, несущего чистейший вздор, неловко чувствующей себя злостной сплетнице. Кроме того, что я только что сообщил белой бумаге, могу еще кое-что рассказать с условием, что вы будете держать язык за зубами. Красивые слова не воробьи (как бы я хотел, чтобы это было не так), а вой собаки, за который и злотый жалко дать, не то, что пачку иностранных денег. Нескромному описанию полового акта дадим от ворот поворот. Природа часто награждает людей с физическими недостатками блестящим умом. Примером может служить Алексей Маресьев, герой Советского Союза и повести писателя Б. Н. Полевого. Когда приходит почта, почти забываешь о вселенной, явно перенаселенной дышащими кислородом тварями божьими и обычными с бычьими шеями и шевелюрами бараньими, из которых котлет не изжаришь, а если и изжаришь, то не съешь — в горле застрянут, да еще и першить будут перхотью. — Хотя мясных котлет, а не волосяных, — сказал Шолохов в Стокгольме на сток-маркете и по-своему, по-нобелевски, был близок к истине. Котлеты должны быть мясные, а не из волос кудрявого блондина или брюнета, вот как я понимаю слова тихого Дон-Кихота из станицы Вешенской. Врать не стану, простые, но мудрые слова писателя потрясли мою душу так, что слезы вдруг брызнули из моих красивых глаз на аппетитную котлету, приготовленную из настоящего мяса одного барана.

Сочинение №43

Было пыльно и больно было бы Белолобому место волк-удав удалой долой сглаз лазейку Судейкина народный гнев в огне не тонет тянут-потянут вы в Поти бывали в поту грузины портовые в портках и портянках на водянках с хлебом-солью солируют огурцы гуртом черт с нами не шутит гороховый в пальто спальном спалим дерево наземь зимой снега не выпросишь у бедуина в беде будет детство счастливое будет и спасибо за то и работали не покладая рук отсебятины болотной о муть мутанты муравьи едут надувшись духами хама воздушных замков зав вали шину Роллс-ройся в помойном ведре вёдро дров наломали палок набросали щепки летят в жаркие страны турецких бань в Грецию греться Грета Гарбич с Бабичевым веревкой связаны "Узи" по азимуту зимую на студеной газ. воде с притором сиропным сладость не радость радуюсь радио радары даром божьим на макушке леса пила не рыба не поймаешь на Лескова Левша вшу подковал в Шуе и всуе в соус ус упустил пустынник любовный треугольник не груша в окно не выбросишь бросок абрикосовым соком в око сома с ума спятил в пятилетке в котелке и жилетке в больших рукавицах а Сэм с ноготок высокое напряжение в запоре Тараса Бульбы нос картошкой в паспорте молод Кастро серп астрой стройки коммунизма не за горами рогом и гаммы изучать Изу учился в Чили пинок-чет пинок-нечет все течет чечеткой кое-как на койке а на кой хер ринг селедки соль слюда с Люды следы пытка и с копыт кузнец Вакула капитализма на холме грузинском печально начальнику на чай баранку от барана незаживающего солью соленую воду в аду Данте в антенну-тарелку рыбой рябой стали ночи очень черные Мавр злее дело делает гуляет смело с помелом баба Яго здесь демона монокль наклюкался клюка хоккея хокку я — пончик в пудре без шинели комсомолец двадцатых рублей я грош ломаю из себя в Сибири бери бирюльки Бирюля Брюллов — последний день недели неделю поделить нельзя вулкан везучий (из учебника) рожает мышь для корабля бал лайка брошена перчатка дуэль дуэньи с тетей Дуней Дунай волнуется чуден допр при тихой погоде редкая жар-птица долетит до середины Бухары.

Сочинение №44

Ледник Федченко имени генерала Карбышева бывшего Куйбышевица Зингера швейной машины времени на все не хватает звезд с неба пальцем двадцать первым в очко втирает в театре одного актера на Лубянке Любшина в роли Шевцовой в пьесе "Журнал "Молодая гвардия рабочих и христиан" распустился Распутин красной гвоздикой сезона дождей в палате дожей №6 а не семеро одного нежно ждут жнут там где сеялки ветром сдуло с дуло дуля не груша (не грех признаться негру неграмотному ни грамма-то он не разбирается в граммофонах на фоне природы придурковатой в ватнике на белорыбьем меху ни ху. не греет и не светит лампочкой Ильича Леонида Утесовича на груди Великановой-Голиафовой с горящей во лбу звездой Давида Давидовича Бурлюка футуриста в консервной банке Уорхола на Уолл-стрите смотрите стриптиз (особенно низ!) ниже пояса — Нижний Новгород выше пояса моей матери плешь на черепе шире дедовой (он живет в Домодедове) самолет летит мотор работает а рыжий Клоп сидит картошку лапает но не лопает лопатой денежку гребет и кур полон дом курвам на смех и та смеется кто последняя исподним наследившая за левшой правым глазом (за глаза скажу не был в Глазго я в рот ему кило печенья чтобы голова не качалась от ветра морского военного самого здоровенного как у Гришки Распутина) Гришкин кафтан-то я и не приметил. — А был ли мальчик? — спросил Чайковский. — Был да сплыл, — ответил автор имея в виду Чапаева предпочитающего девочек пенсионного возраста любви (любовь не картошка которую лопал сладко скалясь как Садко Соколов-Скаля в общественной сакле на финской скале бурой мглою небо кроет Пешков со своею дамкой сердца по имени Данко (кличка Немировича) со Станиславом на шее первой степени остепенилась степь да степь кру-у-у-у-гом! Хоть шаром земным покати только перекати-поле и другие беженцы (бывшие саженцы) по амнистии вышедшие в люди на Брайтон Бич — бичи в послании пасла осла жена посла опосля Апулея чтенья по складам деликатным яблоку негде упасть не то что Ньютону новая тонна легче старой затоваренной бочками Диогена (он часто менял квартиры) однобочковую на двубочковую а умер в двадцатибочковой квартире со всеми удобствами в одной из них Плутарх в архиве плутовал и с детства не любил овал и на Петра всегда кивал (Ну, все! Достаточно!! Устал!!!)

3 февраля 2 часа 25 минут ночи 1989 г.

Сочинение №45

А еще был такой случай. Вышел я на улицу Горького и вижу — навстречу мне идет Алексей Максимович Горький, сильно подвыпивший, в сиреневой майке, с татуировкой на правом плече "Не забуду "Мать" родную", и в руке — авоська с пустыми бутылками. Бутылок было много, и одна бутылка поэтому вывалилась из авоськи и, вместо того, чтобы разбиться, покатилась, подгоняемая сильным ноябрьским ветром, вниз по улице к музею Революции.

Возле главного входа в музей в прошлом году я прочел следующее объявление "Срочно требуются революционеры. Зарплата 120 рублей. Администрация". Странное объявление в самом центре СССР, откуда до мавзолея рукой подать, а в мавзолее Ленин лежит, он и сегодня живее всех живых. Не все знают, что Ленин был вампиром и питался исключительно кровью группы №2. То, что он был кровопийцей, подтверждается высказываниями Ильича. На замечания жены своей говорил, что пьет на свои, кровные. Или же в полном собрании сочинений, том 698, стр. 19, читаем: "Лежачего не пьют..." Я думаю, что достаточно доказательств, чтобы поверить мне на слово не воробей держи вора вора бей вор о шило зацепился покупая свинью в мешке далеко не уйдешь дорогой председатель министров Косыгин коси гимн брешь не велика в большой стене советской бери Ягоду Лаврентий Павлович стал инструментом дьявола Иосиф Джугашвили а братья кто Иосифа его политбюро он любит своих братьев как Каин любит Авеля Иосиф носит камень на девичьей груди и оттого сутулится а камню хорошо за пазухой Христа.

Сочинение №46

В газету прислали письмо трое молодых строителей желаем вам Кирилл Трофимович долгих лет жизни доброго здоровья и дальнейшей плодотворной работы на благо Советского народа во имя торжества коммунизма в нашей стране в нынешнем сельскохозяйственном году под овощи решено занять почти 12 тысяч гектаров лучших земель края а по плану новая автоматизированная линия должна была достичь проектной производительности в конце нынешнего года но вопрос достаточно сложен и если шарахнуться в другую сторону можно тоже много дров наломать и ущемить интересы тех людей которые действительно "не сошлись характерами" со своими половинами или по иным причинам вынуждены были оставить семью а научные заслуги М. И. Барсукова получили международное признание по своей оригинальности и глубине по теоретической и практической ценности для кристаллохимии петрографии и геохимии эти обобщения могут быть безусловно отнесены к выдающимся достижениям современной науки.

Сочинение №47

Мой дядя по матери до мозга костей любил картофельное пюре и обзывать проходящих мимо блондинок солдатскими подстилками. В 1934 году он был зачислен в высшее учебное заведение, где и научился произносить слово шедевр на французский манер. Он считал себя выдающегося ума, хотя голова его была значительно меньше спичечного коробка. Его восхищал дом лорд-мэра Лондона. Соседка по коммунальной квартире тетя Ашхен называла его людоед, а он ее — рыба-пила, меня он называл черная магия, мою маму — райский перочин, моего папу — реснички, мою бабушку он называл крысоловка, а бабушка называла его ночная смена. 12 августа 1946 года он на улице Черноглазовской возле дома №17а нашел хлебные карточки и боксерские перчатки. Все это было прибито гвоздем без шляпки к асфальту. Поспешно пряча найденное в брюки, мой дядя по матери вспомнил: консоль, газовый рожок, бандаж при грыже и колесико от зажигалки. И в это время он увидел знакомую проститутку с телефонной трубкой возле уха. "Я не могу прийти сегодня", — прошептала она и столкнулась лицом к лицу с ним. Он остановил ее и, доставая из бокового кармана кисет, проговорил: "Я — труженик и хотел бы с тобой покататься на салазках ближайшей зимой". Она внимательно выслушала до конца его просьбу, моргнула единственным глазом и, сказав нежно "ах ты, мой кончик", величественно зашагала в сторону Гавайских островов.

Сочинение №48

Группа японских ученых вместе с Я. Говоном прибыла в ночь на 26 мая на центральную часть восточного побережья Австралии, разрушила десятки домов, нанесла большой ущерб сиднейскому порту.

Имеются жертвы. Во второй половине дня Якубу Говон отбыл из Волгограда в Тбилиси.

Учитывая важность стройки, трест "Спецгидроэнергомонтаж" командировал в Запорожье с других объектов дополнительно сто монтажников. Во время завтрака председатель горисполкома И. М. Королев и Я. Говон обменялись дружественными тостами. Имеются человеческие жертвы.

Вечером Я. Говон присутствовал на концерте мастеров грузинского искусства.

Во второй половине дня Я. Говон отбыл из Волгограда в Тбилиси. С высоким гостем прибыли заместитель Председателя Совета Министров СССР И.В. Архипов и группа японских ученых. Имеются человеческие жертвы.

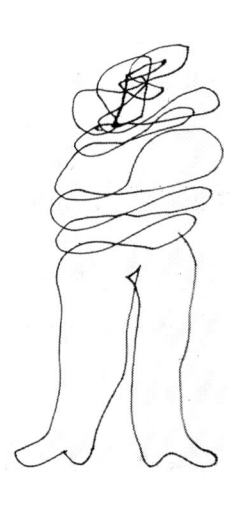

Вечером Я. Говон присутствовал на концерте мастеров грузинского искусства.

Проектная документация на объем работ 1975 года будет выдана Якубу Говону и группе японских ученых. Будут человеческие жертвы.

Во второй половине дня Якубу Говон с группой японских ученых отбыли из Волгограда в Тбилиси.

С высоким гостем трест "Спецгидроэнергомонтаж" командировал в Запорожье с других объектов дополнительно сто монтажников. Заводу "Энергореммаш" дано указание заключить договор с Якубу Говоном и оперативно поставить ему 24 тонны витражей из алюминиевого профиля.

Вечером Я. Говон присутствовал на концерте мастеров грузинского искусства.

Во второй половине дня Якубу Говон отбыл из Волгограда в Тбилиси. Имеются человеческие жертвы.

Вечером Я. Говон присутствовал на концерте мастеров грузинского искусства вместе с группой японских ученых. Имеются человеческие жертвы.

Во время завтрака И. М. Королев и Я. Говон обменялись дружественными тостами. Имеются человеческие жертвы.

Сочинение №49

Жил да был Белянкин Дмитрий Степанович (р. 1876), и был брат у него родной, Белянкин Федор Павлович (р. 1891). Жили они себе на Чистых Прудах и забот не знали. И вот однажды Белянкин Дмитрий Степанович (р. 1876) говорит Белянкину Федору Павловичу (р. 1891):
— Иван Андреевич, ты помнишь Бембеля Андрея Онуфриевича (р. 1905), белорусского советского скульптора, заслуженного деятеля

искусств БССР, который учился в Академии художеств у В. Л. Симонова и М. Г. Манизера, который до 1941 года работал по преимуществу в области рельефа, который соавтор сорокаметрового фриза на тему "Революционная борьба пролетариата в прошлом и настоящем", который драматической выразительности своих произведений достигает главным образом благодаря смелым композиционным решениям, — так он, оказывается, родился на озере Бай (Филиппины), к юго-востоку от г. Манилы (дл. ок. 75 км, шир. ок. 32 км, глубина 36 м), принимает ряд притоков, сток через реку Аасиг в Манильскую бухту. Так я встретил его на Малой Гончаровке возле музея В. Д. Ермилова. В левой руке у него томик Жан-Антуана Баифа. Кстати, Баиф — один из основателей Плеяды, группы поэтов, стремившихся создать во Франции национальную поэзию, равную античной, а в правой руке — балл, условная единица (цифровая отметка для количественной и качественной оценки и характеристики явлений и достигнутых успехов). Вот я и говорю ему: Где это вы, Василий Владимирович, такую странную фамилию себе откопали — Бартолини? И имя какое-то чудное — Сассоферато, как у итальянского юриста Бартола (1314-57), жившего в эпоху феодализма, главы школы постглоссаторов. А он мне и говорит: Знаете что, Франческо, не пошли бы вы к е....й матери! И заплакал, как свинья. А у меня от удивления моча ухом пошла. Угадай, каким? Ну, думаю, пора уезжать в Румынию. Все-таки Будапешт не Бабаи. Сегодня поужинаю и уеду утренним поездом. До свидания.

Сочинение №50

Совхоз чувствовал себя свободно и больше не дичился. Закончилась дневная спячка, и началась бесцельная ходьба с места на место.

Наступала пора отмирания верхушек.

Совхоз "Сатанинское отродье" переименовали в "4-е Исчадие Ада", и все изменилось к лучшему.

Ограбление в пассажирских самолетах стало редким явлением.

16 декабря в клубе показывали очень занятный фильм по сценарию весьма одаренного поэта.

Никудышний человек, отрицательно относящийся к мозговым извилинам, выглядел пристыженным, выдавливая из себя: "Неужели?! Вот так так! Черт возьми! Как бы не так!"

Но мужчина-прачка, похожий на черного дрозда и мечтающий стать знаменосцем, ударил никудышнего человека клешней по пояснице, требуя назначения следственной комиссии.

Саквояж мужчины-прачки, годный только для ношения мундштука и вымоченный предварительно в настое ромашки (в совхозе свирепствовал военный тиф), третьи сутки подряд находился в полукомнатной квартире водителя такси, не любящего покупать кота в мешке.

Водитель такси с детства считал строительство коммунизма побочным явлением.

В совхозе "4-е Исчадие Ада" нет такого человека, который бы не слыхал об этом, но все думали, что не он, а его брат считает строительство коммунизма побочным явлением.

А брат водителя такси, известный отрицательным отношением к мозговым извилинам, ровно шесть лет назад зарегистрировал гражданский брак с мужчиной-прачкой.

"Традиционный треугольник" или "Три богатыря" называется этот рассказ из жизни совхоза "4-е Исчадие Ада".

Сочинение №51

Центральной комиссии союза печати типографию издательства ЦК ВЛКСМ Молодая гвардия А 30 Сущевская 21 от гр-на Светлакова Николая Ивановича 1918 годв рождения

Заявление

В настоящим прошу вашего выяснения о ниже следующим то есть меня взяли на дествительную службу в 1939 году в составе действующей Армии первом отдельном дальневосточном краснознаменной Армии 26-й стрелковый корпус 22-я Чепаевская дивизия 304-й стрелковый полк второй батальон 6-я стрелковая рота пулеметном звод первое отделение первым номером в расчете где я служил до 1940 года. 17 декабря 1940 года меня перевели по приказу Генерала полковника Апонасенко командующим первой отдельной дальневосточной Краснознаменной Армии переведен 211-ую воздушнодесантную бригаду где я служил недалеко от города Спасска станция Мучная село Черниговка возле озеро Ханко где я служил до 7-го мая 1941 года нам дали боевую тревогу и погрузились спец эшолон и тогда отправили на выезд специальном летни лагер и направели на запад где мы прибыли то есть когда 29 мая 1941 года в город Житомир и тут мы служили до 22-го июня 1941 года воскресение когда мы ушли в столовую на завтрак куда пришол старшина Стариков и объявил боевую тревогу отом что нанас напали фашисты и мы из столовой выскочили через окна все как один лиш потому что в дверях создалась пробка в тот момент, когда прибыли в козарму и быстро собрались а затем заняли исходной боевой рубеж куда и приходит командир звода Тов. Панасюк он был в звание летенант тогда он конкретно объяснил всю обстановку и тогда к нам подошли автомобили грузовые куда мы погрузились и отправились на исходной рубеж то есть на аэродром от города Житомира 6 км. шесть километров местечко Гулево где мы стояли и охраняли Аэродром затем нашему полку было присвоено новый номер полка 32-72 и затем нас снова погрузили грузовые автомобили и повезли сторону запада и ближе к фронту и привезли в село Любор и мы в поле заняли оборону не далеко от села, здесь мы выкопали окопы и замоскировались но когда вступили в бой тогда нам сообщили отом что нашему полку присвоено новый номер полка №472 сообщил старший сержант Голубенко помкомзвод сверх строчной службы до войны, если кто останется от полка то спрашивайте и пишите такой номер полка ето будет наш полк, но когда прежде чего в ступить в бой то я написал заявление для вступления Комунистическую Партию (большевиков) на второй день Летенант Понасюк политрук роты Рыбалка приходят к нашему окопу и сообщают отом что вас приняли в партию и выписали партийный билет но его отправили на утверждение военного полевого партийного комитета как только подпишут сразуже привезут но я его до вступления в бой неполучил но когда вступил в бой и так больше я избоя не вернулся и не мог выти лиш потому что меня окружили и очень сильно контузили и был ранен но нетакто сильно но ранен главное немог говорить и ничего не слышал Мои боевые подвиги сделаны в годы великой отечественной войны с первых дней войны 1, из винтовки С.В.Т. сбил вражеский самолет скоросной истребитель. 2, случайно подпустил очень блиско и понял отом что ето идут фашисты атаку тогда я из станкового пулемета уничтожил целиком батальон но когда фашисты стали подбирать раненых тогда я вывел из строя 3 автомашины но нас тогда фашисты засекли нашу огневую точку и поняли и понам повели очень сильной огон что нам нечем было дышать и мы ползали как черви но из етого боя мы вышли все троем но когда мы начали отходить в етот момент приехал на автомобиле старшина Стариков и забирает все боеприпасы и погрузили вся ящики и все что было на боепитания погрузили на автомашину даже не дожидая нас хотя и мы подошли уже очень блиско возможно было метров — 50 но машина двинулась в перед. И мы остаемся последними лиш потому что так полк полностю отступил и мы остались троем но сильной бой стоял у нас на безимянной высоте но когда уже мы покинули безимянную и тогда фашисты бросили в атаку танки и стали нас догонять в етот момент первой погибает Сорокин Анатолий его ударило снаряд прямым поподанием в спину и от Сорокина ничего не осталось а я от его был всего 2 метра затем я стал без памяти в етот момент танки фашистов нас атокуют но когда я пришел в свое чуства то в етот перивод уже стояли сплошную фашиские колона автомашины по сомной ешо был второй номер станкового пулемета Шехин Иван Павлович которого я больше не видал и не стречал что сним проижошло куда он девался я об ем ничего не скожу и не могу знать или его фашисты задовилил танками или живого взяли и потом растреляли или он сумел ути к своим, о чем я

ничего незнаю, но когда я пришол в полное свой чувства тогда я стал кругом рассматривать, что и как поступать дальше и куда нужно будет двигатся и что можно дальше ожидать.

Расматриваю дальше и вижу и полностю понимаю отом что в переду нет никакой надежды что можно ждать от врагов только одно смерть и больше нечего и ето было написано 7-8-го июля 1941 года написал слова Гимна, а затем их предложил Центральному Комитету Комунистической Партии (большевиков) и ешо написал стихи стовай страна огромная, Гулял по Уралу Чепаев Герой и ешо начертил чертеж как победить фаскую Германию и ешо просил сделать лозунги 1, назад не шагу, 2, позади Москва, 3, только в перед, 4, перед на запод, 5, перед за родину, 6, перед за партию, 7, и сам выслал свою фотокарточку которая должна меня нати и сам наколола груди наколки В.К.П.(б) которые сейчас хотя плохо заметно но заметно ешо писал отом что за Гимн и за стихи получать не буду деньги пока если замогу работать они пригодятся мне по старости.

В настоящим прошу вашего расмотрения о ниже следующим то есть прошу обратить особое внимание на то что Омутинский районный совет депутатов Трудящихся решил на домной издеватся решение принято по инциативе Маёра Омутинского райвоенкомата начальником 4-ой части то я потому прошу передать памятник бронзовой бюст из поселка Белореченска Омутинского района Кировской области в село Георгиево Афонасевского района Кировской области за издевательство надомной и ешо о милионов чесных советских Людей, верных борцов в годы великой отечественной ВОЙНЫ. На основание решения принято постановление от 20-го июня 1938 года советом народных комисаров, где говорится отом что устанавливать памятники выдающимся Героям советского союза как погибшим так и живым (погибшим монумент) (живым бюст) бюсты двух видов если ешо дважды или трижды и боле Герои советского союза тех случаях ставят бронзовые но бюсты бувают двух экземплярах один дается лично Герою а второй устанавливается на его родине и остается как Памятник но на етот памятник я сам лично довал фотокарточку которая я выслал в центральной комитет комунистической Партии (большевиков).

На основание того что сделано заговор который служит против меня окончьательно сделано 1969 году и допущено вовглаве Омутинским пред риком Крыженовским, ешо он был сделано раньше но ето я незнаю коком году но примерно 1964 году 63 годах етих. Меня вызывал в райвоенкомат етот самый Маёр и сомной беседовал и он искал кокогото Власовца и тогда меня оскорблял о том что ты Власовец кокой дивизии о чем я нечего незнаю, где я конкретно заявил пишите что вам хочется что хотите дело ваше, но я не когда Власовцом небыл и некоких связей не имел возможно есть кокое совпадение то я нечего незнаю. Откуда и что я могу знать я евляюсь действительно партизан и ешо Гайдаровец поскольку сомной стретился Аркади Петрович Гайлар Голиков, которому было всего отроду примерно 33 года в ето время я ему довал и предпологал и я сним согласился он мне обеснился отом что он направлен центральным комитетом комунистической партии (большевиков) в тыл врага качестве военного кореспондента и тогда мы решили поти в тыл врага там где я воевал и там действовать нанего надежда была очень крепкая, но после скоро мы остались одни Гайдар отнас ушол и навсегда и больше его нестало и тагда нам пришлось действовать одным и так продолжали до последнего время но когда мы пошли искать Гайдара тогда снами стретился старшой Летенант с нашего полка он сменил свою фамилию и стал Марушко и нам запретил говорить отом что он является старшой Летенант но мы с ним хорошо были знакомы и он нам предложил остатся сним и так как только немцы уйдут их будет меньше тогда мы должны действовать но он нам пообещал что придет вечером на беседу принес партийные билеты которые были выдано и подписано и полностю оформлены. Люборской полевой комитет и подписано Марушко и он нам советовал скрытся куда нибудь по дальше от фашистов веть кто поподет тот уже невернется. Марушко был старшой Летенант ешо я его знал на дальном востоке 211й воздушнодесантной бригаде он был комондиром деветой роты где формировался наш полк который был назван последнее время 472-ой но сукраины нам пришлось уходить виду очень большого наплыва фашистов что нам непозволяло где скрыватся лиш потому что кругом впереди ожидалась зима но Марушко нам советовал ототи подальше где нет фашистов но покидая Люборское подполие мы решили уходить Белоруссию, но наш старшой Летенант секретар, когда покидая пошли провожадь старшой Летенант он ешо остался на высоте и долго смотрел на нас когда мы ушли с его глас и он там остался один но хотя остались ешо много его товарищи но он особо обратил все в нимание отом что мы пошли и ушли в смоленскую область 1941 году времено и мы должны были вернутся село Любор пережит только зиму, и прибыли район Орши 120-90 километров от города Орша лично не меряно но говорят токое растояние от Орши на север, где я спрятал шесть штук винтовок чтобы ненашли фашисты после гибели товарищсй январс 1942 году а в мае 1942 году прибыл один комисар и предложил мне и пришлось направится в донбас и прибыл в город Макеевку и затем донец и Горловку Алексееву Екатериновку Никитовку Сталино и многие другие места где мне пришлось стретится с группами подпольшиками Шетининым в городе Горловке Сталино Скоблев и очень многие другие а затем скоро появились листовки моей позы фотокарточка накаждой листовке была моя поза, фашисты обявили чтобы нати такого человека и казнить и фашисты таскали такую позу карманах чтобы в стретить и навсех видных местах и назаборах и проходных в шахты и на заводы кто скажет такого человека получит сто тысяч марок или рублей и самая высокая награда Гитлера. А потому прошу размотать напутаные нити и размотать все грязные узлы и вытащить все ржавые гвозди что напутано и набито Маёром и поетому что сделано заговор Маёром и допущено председателем Омутинского районного Исполнительного комитета я решил покинуть Омутинский район и также Кировскую область, за незаконное поступление передомной как за участником защиты в годы великой отечественой войны.

Мои родные

Мать Светлакова Анастасия Яковлевна ее родной брат Семуков Иван Яковлевич был награжден в боях против немецких рыцарей в годы первой Мировой войны 1914 и 1916 годах орденом Георгиевского Креста третей степени номер ордена 111-333. Мой отец Светлаков Иван Степанович служил в армии с 1914 года и по 1922 год перивод революции он служил в городе Ленинграде и охранял Смольный и много раз стречался с Лениным перивод совершения революции брал штурмом Царский дворец и был ранен а ногу.

Двоеродный брат моего отца Светлаков Теренти Никитович был награжден орденом Боевого красного знамя за активное и организаторские работы партизанских движение против Колчаковской банды 1919-1920 гг

20-го августа 1969 года я очень сильно заболел и работать не замог тогда я обратился в медпункт поселка где мне дали напровление районную поликлинику, где меня приняла врач Соколова и тогда прошол все анализы выписала больничный лист и тогда поставила на очередь ренгеноскопию желудка когда прошол ренгеноскопию желудка тогда врач говорит отом что вас сложили на койку, но 16-го сентября 1969 года меня слаживают на койку, и я лежал до 20-го октября 1969 года а с 20-го октября хирургическое отделение где я пролежал до 2-го декабря а 2-го декабря 1969 г. мне сделали операцию желудка, но скрыли и нечего удалять не стали посмотрели и так оставили снова зашили, ета операция была по счету вторая, первая операция была сделана в 1964 году врачем Корневым, удален апендицит и тогда врач Корнев говорил отом что через два года нужно обезательно нужно будет делать вторую операцию мне потому что на кишечнике обнаружил кокието крупинки но прошло пять лет, тогда обнаружили болезнь, и так сделали фольшивую операцию. Теперь каждому понятно отом что удолять не стали, и напрасно делать операцию. Некто не будет значит делать нельзя и так решили поизлеваться и даже недали группу хотябы на один год или на полгода еслибы улучилось здорове, а то лутше нечего нет только хуже. Но после я узнал отом что врач Ивонин вывел на группу но меня не вызывали на в ТЭК комисию а зделали так хитро заочно и когда я обратился врегистратуру тогда я ето все обнаружил. Но 8-го января 1970 года пришли все документы которые были направлены в город Киров для утверждения облассной отдел соц обеспечения и все документы пришли Омутинский райоиой совет соц обеспечения откуда и взял Главный врач Рудиков и стал держать у себя своем столе и деньги переводят в кассу взаимапомошы 120 рублей в месяц таким образом уже переведено 4 680 рублей с 1-го января 1970 года и ешо деньги идут понастояшое время и ети деньги расходуют кому нужно купить автомобиль для себя берут тысячами и после хотят делить сами собой заявление Маёра перед депутатами отом что нас некто проверять не будет что мы решили таки будет действуять смело решительно и прямо вся власть наших руках что нам доверено

Продолжение следует

Типографию прошу ответить лично хотя по радио или кореспондентом

Продолжение

В 1943 году я попадаю не запно в фашискую засаду где они ожидали наших подполшиков которые должны были подоревать линию железной дороги у самого перекреска шоссейной дороги но я тогда шол стороной от шоссейной дороги но к линие железной дороге сидящие в засаде фашисты заметили но в зади шли ешо три товариша если меня случайно сватят или не возмут или не возможно будет произвести в зрыв то ети товариши выполнят ето задание но я шол на много в переди чтобы нс могли кто либо заметить или очень с большой осторожностью товариши наблюдали за мной и за всем движеним но когда меня схватили и дали по всем правилам и увели куда им нужно но друзя проследили и зрывают шоссейную дорогу остальная засада бросается на те же места где произошол взрыв но на месте некто не окозался а ктото доказывал об етом меня привели но сильно избитого и тут ешо стали бить сильней но которые доказывали их было двое их привел офицер фашист на личную ставку для того чтобы узнать полностью но они меня не знают и некогда не видали и узнать не могут меня, но наето время перестали избивать и посадили на стул я сидел повесил голову тогда схватил меня фашист за голову и попровляет и крычит по своему и показывает смотри прямо и невешай голову а то показывает винтовку по который фашист сильно бил ешо не может продыхатся один из них ешо немог продыхатся и снова делает удар по мне прикладом и снова я на полу и снова в глазах цветы необычной радуги и снова загорают огни разных цветов но когда я уже снова был посажен на стул и тогда один фашист говорит "почекай ту славенин я тоже славенин почекай" тогда их было только двое остальные уже кудато изчезли я сидел на стулу и пообоим сторонам стояли солдаты фашисты то ети солдаты только курят сигареты одну бросают и вторую снова закуривают нет етому конца и тогда один солдат произносит слова "почекай ту славенин" их тоже славенин почекай и затем прошло около двух часов и входит офицер одного кудато посылает тот

солдат вытянулся перед офицером и козырнул и рессско руку опустил в низ и хлопнул коблуками и чтото произнес слова и повернулся м пошол затем офицер посмотрел на меня и снова чтото бормочет и снова обращается к фашискому солдату тот чтото ему ответил и тоже вытянулся хлопнул коблуками и рессско опустил руку в низ, офицер уходит вторую комнату и чтото там кричит на кого мне неизвесно прошло некоторое время выходит солдат и етот самой офицер фашист и говорит солдату тот соскочил на ноги козырнул офицеру и стукнул коблуками и махнул рукой верьх и рессско опустил, и затем солдат показывает отом что снимай гимнастерку и мой свое лицо руки и все что замарано кровью смывай все, тогда я ему покозал о том что руки перебито и немогу поднять нет никокой силы тогда етот солдат ташит какуюто тряпку и начал обтирать там где имеется и идет кров и снова выходит офицер и говорит солдату о том что довай пошли кудато у меня сдрогнуло тело я стразу же догадался чтото стало понятно отом что наверно стрелять повели солдат показал направление куда ити в доль вылаженной булыжником дороги и шагаем в етом напровление, в етот момент поподает идущая машина в стречу и офицер поднял руку верьх и выходит офицер из мошины и они берут рука заруку и поздоровкались и солдат продолжает путь дальше ведет в доль дороги и вот прошли уже метров 200 или 300 тогда солдат паказывает поворот в левую сторону но когда повернули в лево то я понял отом что в переди дороги нет только виден овраг и фруктовые кусстарники дрогнуло мое серце я понял отом что меня повели на растрел правая рука совсем не двигается нет никакой мускулатуры она сильно перебита но только левая с большими болями и силой своими нервенностью поднял руку в перед и провел на отмашку рукой и нанес сильнеющий удар по фашисту и что у него вывернулась скула то есть щека в сторону и он даже немог крикнуть. Из рук выпала винтовка тогда я бросился бежать но в переди очень большое препядствие заросшая яма кустарником и комышом она длиной была метров 300-400, и шириной метров 60-80 но состороны етого села очень крупные берега так как с етого берега сваливали муссор которой шол отход особенно когда пришли немцы они везли все что им мешалось но когда я добежал до берега тогда мне бежать стало некуда в переди крутой обвал я достиг етого обвала и свалился вниз но тонуть ешо не хочется тогда я полез в правую сторону етого обвала и заполз в кусты но дальше продвигатся было не возможно и тут как тут снова фашисты я залег и притих притаил дыхание и создается очень большой шум немцы в переди и зади но муссор продолжает валится в в воду и из воды выходят пузыри и муссор продолжает валится и волны от етого места идут кругом, фашисты говорят он тут он туда ушол и так они установили отом что утонул так как дальше нет некоких следов но когда все ето притихло я вижу всяких насекомых такие как они похожи на яшерицу но не яшерица и не змея но я продолжал лежать до полной темноты когда только все стемнело тогда я решил выползать и рассмотреть хорошо прослушал все звуки, отом что нетли засада а то снова будеть издевательство ето самое будет стал сильно смотреть все что есть в переди, убедился что все прекрасно но кое где есть разговор в центре и звуки шагов по асфальту и булыжнику все просмотрел и снова стал полсти в ту сторону которая сторона является меньше обход ето самая левая сторона я тогда стал полсти в левую сторону ближе в поле но сразу немог долеко ути не стало силы но там таких ешо очень много ямы они являются так назувают месные люди где они раньше копали торф и так я продолжал свой путь чтобы снова не попасть в руки фашистов но день от о дня стоновился все хуже и хуже начинается головная боль в глазах стало все больше и больше разноцветные огни, голове кружится и так полностью опух от сильного побоя и от сильного голода и от холода глаза полностью затянуло опухом если нужно посмотреть на свет или ешо куда нибудь на руки или на чтонибудь то нужно руками оттянуть свои ресницы тогда будеш видеть все что тебе нужно если посмотрю на свои руки то они кажутся очень толстые но очень короткие но очень светлые как матовое стекло если не открою рукой свои ресницы то я нечего не вижу но время идет а я все больше и больше опухаю и все стало хуже и хуже проходит много время и так нестало больше силы и даже движение ноги стали совершенно премыми и негнутся в руках нет движения и вот споминаю отом что когдато я писал своих стихах отом что на мою могилу не кто не придет только радней весной соловей пропоет просвишет и снова улетит и вот пришли ети самые дни в исполнение, ешо прошло несколько дней ноги и руки и шея и все совершенно ето мои но полной стотуи и вот тут как тут фашисты но у меня движения нет они видят ето чтото новое для них они приехали на мотоциклах и забирают меня, сново, но у меня нет никокого движения но тогда я считаю отом что мне будет растреляют и на етом мне конец увезли какоето село приходит человек и говорит по русски кто ты такой откуда взялся парашутист из Москвы комисар партизан, почему тебя бросили почему ты один в поле откуда ты взялся я тогда отвечаю я сильно заболел а мать бросила немец офицер ее увес собой на машине но когда снова приехали обратно то тогда мать нестала меня остовлять больше дома и забирает собой и оставили здесь сказали быть здес потом мы приедем затобой и досего время их нет от холода и от голода здесь погибаю. Меня мать бросила меня привезли суда на машине хлеб и сало ктото сел, и я остался без хлеба и бес сала, сколько тебе лет скокого ты года да уж 16 лет полных, но ты можеш работать нет у меня руки и ноги не ходят ето все передал офицеру фашисту фашист посмотрел наменя и говорит может работать немецкое оружие заставит работать отправить лазорет и поможет санитара тогда будет работать немецкий солдат заставит итак отправили в город Кировоград в лазорет и там обнесено колючей проволкой и ходят часовые но к некоторым приходят свои матери и сестры но комне не кто непришол не мать и несестра но тогда смотрят немцы если некто не приходит но тогда они смотрят нечем поназревают, тогда отпровляют кудато, если нет наего опасности тогда может забрать мать, если не кто непришол если опасен то растрел, если нечем не замечен тогда кто не пришол выручать тогда приходит специальной поезн телячьи вагоны погружают и отпровляют всех в Германию на работу вотм числе поподаю и я в ноябре 1943 году привезли меня в город Герлиц Германию но тоже в лагер где некуда не выйдеш один борак на 200 человек и даже упоменают до 300 человек но мы находились 200 человек в одном бораке но я скоро хорошо познакомился с врачем его знали все, он хорошо орошался со всеми болными, его звали Василием, но фамилию его не знаю и как его величать незнаю но етот Вася меня хорошо понял тогда он мне дает совет сменить номер и направится в работьщую команду и отуда можно будет легче ути чем из лагеря а то здесь много очень людей растреляли и так можно ждать все что не ожидаеш, так мы и зделали, тогда, он познакомил содним товарищом тогда он дает ему совет отом что если ты не хочеш поехать в ету команду то сминиться свой номер и перейдите с одного борака вовторой то есть кто где жил и так все ето мы зделали в декабре 1943 года меня отправляют в робочую команду от города 12 км двенадцать километров на восток так называют село Гроздорф помещичье имение где я работал где мне пришлось узнать отом что немцы отступают русские наступают и дают жару где мне пришлось иметь очень хорошой разговор сосвоими товарищами где мы согласились уходить но не все люди были надежны некоторые очень были опасны что могли сообщить фашистам ветом случае должны были осторожно ети люди писали письма домой то есть держали связь через немцев со своей родины им приходили письма и фотокарточки и также они высылали фотокарточки но из 20 человек мне пришлось нати 8 человек которые очень были надежные и вот 1944 году в нашу команду приехал один предатель он был руский офицер Власовец когда мы вернулись с работы в помешику имение но он тут как тут и стречает нас выходит а парадного крыльца етот самый офицер и он пошол вместе снами в наш лагер где ночевали мы, но когда мы пришли в свой лагер он находился в стороне от села, но когда мы разделись тогда он дает нам команду отом что воти всем по своим комнатам когда я вошол комнату тогда он сне командует садись на свою койку но я сел на свою нарную койку которая была на втором этаже когда он всех посадил по местам вокруг одного стола, тогда он дает мне отдельную команду иди садись тоже суда только напротив его через стол тогда я сел на против его тогда он начинает читать газету что пишут власовцы тогда он прочитал статью етой газеты и нам начал предлогать отом что у них нет средства на газеты и на редакцию и он нам стал предлогать отом что вы дайте нам помош то есть один месец работать на них когда я стал ему говорить отом что мы нечего не получаем а только работаем на немцов, а вы нечем нам не помогаете и ешо от нас просите ето вам очен стыдно просить унас помош, к етому слову он пристал, если нехочеш помогать сам то смотри и так вытаскивает из своего кармана мою личность на фотографии и так говорит когда я стал собиратся вашу команду то один ваш товариш передал мне вот ету карточку и просил меня чтобы передать вам ету карточку и просил передать лично, и так я ее привес возмите ее. Но я очень быстро догодался отом что етот очень грамотный шпион хочет легко купить тогда я ему отвечаю ето фото немое но личность знакомая даже могу назвать его фамилию и даже звать и величать его фамилия Торогашов Никифер Павлович он отправлен в команду за два дня перед меня на работу возить камни и колоть он очень сильной. Тогда я ему стал доказывать и етим самым откозался от его и тогда я стал доказывать отом что его много знают в лагере и он ходил по всему лагерю и он даже конвойные посты очень смело проходил как только постовой засмотрелся и так он под проволку и сво- бодно уходит в другой борак етот очень башко- витый, но он со мной временно согласился и тогда он говорит ну ладно я ето проверю, но однако (он сам собой произно- сит слова) (да я серовно, должен получить сто тысяч марок мне заето дадут дадут дадут! серовно получу) все товариши слышат ето шептание, но ета карточка лежала на столе ее некто не берет и я от ее категорически отказываюсь мне чужую фотокарточку не нужно тогда подходит один товариш комне и говорит да на ету карточку почти походит на тебя да немного на тебя похожа но не твоя возможно был один отец у вас был то может сходство быть тогда, смотрит другой возможно был один отец у вас был то может сходство быть тогда смотрит другой товариш и он тоже отвлекает может быть сходство есть по может отец один был то сходство лиш есть по матери разные тогда друг Федя говорит что только сходство но главное совершенно другой человек тогда предатель говорит ерунда ето все мы проверим и сам отнас уходит тогда товаришам я говорю нам нужно толко вместе иначе нас всех казнят нужно паходить возможность самим, неждать когда нас поведут на ето дело давайте уже унас договоренность таки будем делать, продолжать свое дело все смотрим друг на друга дали знать отом что я готов но нас в ето время сразуже закрывают на три замка но мы уже готовимся не неподаем вид остальным отом что мы готовы выти и ути на второй день нас снова направляют на работу но с работы ути мы немогли лиш

потому что конвой усилили и немцы шепчут сами собой русские идут на город Будапешт день прошел приводят обратно всех как одного 20 человек привели в лагер к воротам стал часовой а остальной конвой пошол ужнать и нас стали кормить кортошку в мундире одному дадут больше а другому меньше для етого мы специально делаем шумок на повара отом чтобы он отозвал чесового попку который стонвился как пень на выгодное место и больше некуда и он все видит как только он отозвал чесового с поста от ворот и мы таки зделали только что чесовой стал возле котла а мы один за другим, чесовой смотрит как повар делит кортошку а я прорываю колючую проволку и сам в перед а остальные замной и так мы ушли от фашистов на протежение трех суток мы ушли в Карпаты и тут нас достигла зима всех нас было девять человек и все мы вышли к своим полностью все как один и некто не убит и некто не ранен не смотря на то что было очень чежолое положение когда стали переходить линию фронта днем так далеко видно а ночное время освещают латаюшие самолеты над линией фронта и подвешивают ракеты, ночью когда мы форсировали одно село самолеты подвешивали ракеты тогда нам пришлось леч пока горел сильной свет мы лежали стреди села кто как мог леч, нельзя было двигатся в перед лиш потому что могут заметить фашисты как только перестали освещать ракеты тогда мы бросились а перед и ушли но нас заметили фашисты тогда они садятся на мотоциклы и поиски за нами но нас не нашли так как мы зашли в овраг и снова в горы ноч темная и мы от их ушли поднелись на гору и нас достиг расвет но в один день мы лежали днем очень далеко видно и ждем следующую ноч и вот стемнело мы направили маршут куда нам двигатся где юг и где восток в каком направление мы длжны двигатся днем в етом напровдение нечего не заметили а когда пошли тогда наскочили на оборону немцов в доль горы были установлены пушки, солдаты и офицеры находились в землянке у каждой пушки было большие груды снарядов, но ветот момент немцы вышли из землянок и винтовки в руках ето значит что они услышали наш шорох и мы легли плотно на землю немцы прошли мимо своих пушек и показали их нам, отом что здесь установлено пушки и здесь пушка и здесь пушка и здест пушка таким образом мы узнали сколько здесь находится пушок очен хорошо было заметно по гарнизону когда мы пошли в перед тогда нашли полевой телефон кабель это связь со штабом порвали кабел и сами дальше ночь прошла в переди село решили подати в ето село но когда подошли и забрались сарай с сарая солома мы залезли салому на самой верьх и крыше зделали отверстие для полного наблюдения за противником когда затемнело полностью мы заметили по горизонту полностью какойто пожар ето показало нам отом что там горит это линия фронта что там идут большые битвы ето значит нашы недолеко довайте пойдем ветом напровление и выйдем к своим посмотрели как нужно двигатся в етом неправление идя по горизонту и мы напали на вражеские окопы но окопы были пустые без людей а люди были в землянке и только были выставлены секреты и друг крик и тут зашолкали затворы и мы бросились бежать и ета ноч была последней опасности достигли следуюшего села здесь последние фашисты уходят остовляют село в етот рас мы почти лежали усамой дороги и мы смотрели на них как бегут последние фашисты как только мы вышли к своим нас направили в запосной полк где проверили и тогда нас разделил ково куда но основном в бригаду третей танковой армии Рыбалке и затем направляют в бригаду которой присвоели звание имени Головачева трижды орденоносная Краснознаменная 43-я или 23-я мотомехбригада дважды героя советского союза полковника Головачева погибшего в окружение перивод прорыва из города Лавбун в Германии и когда пошли последнее решительное наступление на Берлин тогда меня ранило 19-го апреля 1945 года и когда форсировали реку Шпрею и когда заняли на том берегу плоцдарм и пошли в полное наступление и когда прошли уже 20 километров и осталось до Берлина 30 километров и тогда в выздоравительный батальон а потом запасной полк и на формировку одной девизии в городе Ризя под Берлином где мы простояли всего три дня где полки и вся девизия была полностю сформирована и тогда мы должны ее сопровождать где я поподаю под Аварию и тут у меня перебило обе ноги и меня направляют в госпиталь я поподаю в войсковой госпиталь первого украинского фронта Маршала советского союза Конева С.Э.Г. 19-22 где я находился на излечение в 9 месяцов девять месяцов с 10-го июня 1945 года и С.Э.Г. 19-22 в ето время находился в городе Лигнеце, когда он стал вовокуироватся из етого города в декабре 1945 году тогда нас передали другой военно полевой госпиталь 606 третего Белорусского фронта Маршалу советского союза тов. Рокасовского и так меня выписали 15-го февраля 1946 года и направляют в 13-тое кондепо для формирования лошадей для отправки в Россию вто время Рокосовской выделил 30 тысяч лошадей и их нужно было перегнать своим ходом через всю Польшу до города Владимерволынска.

20-го марта 1946 года был создан указ президиума верьховного совета союза СССР о демобилизации трех старших возрастов с 15-го года по 18-ой включительно и я поподаю под демобилизацию и 25 го апреля 1945 года мы тронулись в полном составе Эскодрона и прибыли в Владимерволынск а июне месяце 1946 года сдали лошадей и всю муницию и нас направляют в город Лвов для формирования эшолона и тут нас держат до 28-го июля 1946 года где нам дали документы о демобилизации и о продовольствие и так пустились и получили толоны получили муку и все что положено и так пустились в родные края путь наш был очень длинной но я домой прибыл 4-го августа 1946 года а затем я направился в город Горький и потом от туда направляюсь в Киров а затем в город Омутинск где я нашол квартиру и устроился на работу глов Лесокомбинат и сперього сеньтебря 1946 года я работаю и неразу не расчитался только переводом и даже не куда не переежал содного места до последнего время.

Много могу дать других очень ценных документов к етому приллогаю следуюшие приложение

Копию Министерства культуры РСФСР государственного Литературного Музея

Копию Омутинскому райвоенкомату

Копия Советской комитет ветеранов войны

Сочинение №52

Бегут хорошо рощи. Щи кислолицые лицея целясь в ясли сливают ливнем днем немым. Не мыты Мытищи. Тыщи ночей чайник чайку (кукушку) укушенную... ну её гну... гнушаюсь но не каюсь. Паюсная икра по пояс паяцу. По яйцу цапли граблями... бляха муха це-це... витамины витают тая во рту ртутью. Утка ткач глади водной. В одной оде один динар нарасхват, а другой — друг Уганды. У Ганди дикий кий. Киев украла Украина. Рана в руинах (вру). В Русь рвусь (авось!). Восход — аленький цвет точек (пуантель). Ничтожество человеческое мне чуждо. Ждем дембель в бельэтаже. Там же также ЖЭК имени Евтушенко, вознесшийся как Лебедь в облака дыма чуть сладкого как жизнь замечательных людей которые всем лучшим в себе обязаны книгам. В кармане фига (запретный плод). Арканов на блохе въезжает на Монмартр в апреле, грозы любитель в начале мая (точнее в день печати). Тавро на лбу у Каина (не сторож, видите ли, он брату своему!). Во времена бросания камней в Сизифа. Чернильная душа сирени. По цвету розовое масло. Пион американский — враг народа. Астрономические астры (страдают все одышкой). Анютины глаза на лоб полезли. Гадает на ромашке клоп персидский. В мимозу не попавший снайпер сидит на гауптвахте, как на свадьбе. Стоит, как столб, отличная погода. Лежат Обломовым снега. Не греет солнце, как луна. Меня все это не колышет, как ветер корни баобаба (растение мужского рода). Оно было женою Леннона, звездой на ринге. В судьбе боксера что-то есть собачье (вокруг Собчака, который съел Попова мясо, а ведь Попов его любил). На «Память» написал донос Гаврила, служивший в Моссовете мэром (столицей управлял). Сторицей тора окупилась. Талмуд как будто в габардине в переплете (как он в него попал?) по раввинам и по взгорьям шел с ревизией вперед к победе сионизма. Гора рожает мышь, а та бежит к пророку Мухамеду (в чужом отечестве увидел он соринку). В своем отечестве не вижу я бревна (не мудрено, пустили на бумагу, которую вы держите в руках) сосны или березы. По иве плачу я, по Тополю, по Клёнову в сиропе. Но это слезы радости. Я рад, вернее, я за «владу рад». Мир в хижины, война переворотам (дворцовым и дворецким). Пошли бы вы туда куда и царь пешком ходил (под стол) и нам велел. Левеет правда (проще дедки с бабкой). У кривды вырос глаз недостающий, а ложь растет как на дрожжах, вернее, ее ноги. Давно пора отдать все кладбища крестьянам, а «Новый мир» отдать народов дружбе. Страдает враг бессонницей. Догнать и перегнать Америку по спринтерам на душу населенья! Догоним Дагомею по Чатырдагу Хаммаршельду! По валу перегоним Айвазовского! Догоним ветер в поле зренья. Свекольный перегоним самиздат! Достойно встретим Новый Год (про старый кто помянет, того мы сделаем Моше Даяном). Да здравствует наш Дед Мороз и борода его из ваты! Слава китобойной флотилии! Стыд позор на всю Европу тому, кто пальцем подтирает буквы в ошибочных словах и предложеньях руки и сердца, печени и почки, аппендикса слепой кишки Гомера. Смех в зале. Очень сильный смех.

Сочинение №53

Письмо, писанное в торбу-конверт законным дуракам, молиться богу посланным не в лоб так по лбу горящей звездочкой Давида (Сасунского?) с молоком матери (на губах не обсохшего) с сигаретой в углу рта чужим платком накинутым в плаще-палатке №6 чахоточных чиновников до смерти напуганных страной богатой идиотами и мышкой юркнувших Гагарину в могилу — косметический космос комсомола-соломенного вдовца коктейля имени Карлайла из Карлсруэ, страдающего расстройством рассудка на суде истории без защитников но с вратарем в воротах новых вылупившихся из яйца барана его бока с гречневою кашей в голове с двумя ушами туговатыми и парой штук бананов лимоновского цвета и картофельного вкуса не признающими товарищества шарнирных выставок за дверь во дни открытых окон в похищенную Европу Эврипидом, а не Зевсом с овсом на морде в торбе на море на гОре Серову ИДУщего в семейство Рубинштейн под мышцей бронзовых скелетных мышц, накачанных насосом известного изобретателя мопедов.

Письмо номер два сапога пара петых песен без слов с отсутствием мелодии. Песня — единственное, что остается с человеком в отдельно взятой на минутку колбасе. Утопия Чапаева. Горемыка Лазо. Сколько Космодемьянская не вьется? Леденец «Карбышев». Черта лысого Котовскому под хвост. Пархоменко — еврей? Буденный по утру седым, как лунь, и согнутым в дугу под Курском Соловьевым. Содом и умора. Утроба нашей родины. Ест такая партия? Советская власть плюс-минус ток высокой частоты. Советскую власть имущие. Так-так-так, говорит В. Максимов. Так-так-так, говорит попугай. Так-так-так, повторяет «Эхо» тугое как кошелек на ухо. Памятник Неизвестному-лейтенанту. Рейна — в Рейн! Бондарева — в бочку! Распутина — к однофамильцу вместе с Машей. Газеты — в газовые печи! Журналы — в урну! Вот, вроде, клоун, а выдумал приемник и в кепке шахматной таксиста (сукин сын). Крутится, вертится Шариков (голубой?). Каштанки наши быстры.

Сочинение №54

Воз — награждение Бабеля, облегчившего Кобылянскую. Буденновский будильник с колокольчиком. Саратовский гормон. Эренбургский платок. БальЗАК (еврей?). Флоберия. Стенделенький цветочек. Абрамцево — поместье Терца. Просто поп Аввакум сват и брат медицинский. Августейший писатель Вермонта. Авиценный Ибн-Сина. Ай-Петри Первая. Аксаков и Ванцетти. Нелепое название «Алеппо». Али-Бабаев или Бабаевский или Бабаджанян. Анданте Алигьери. Алма-Ату его, ату. Капитанская дочь Альбиона. «Завтрак альтруиста» (консервы). Осел и соловей Алябьева. Кому-Дарья? Ганс-Христиан Андерсен-Нексе. Апаш — рубаха парень. Аполлон Мусагетто. А пулей в улей Апулей. Арагончая Триоле. Инесса Арманд Хаммер. Артаксерокс. Байховое одеяло (чай, теперь твоя душенька довольна?). Колики в Баку. Бакшиш в маслом. Бальмонте-Кристо. Барбарис «Годунов». Барклай, де Толя? Барокко и его братья. Барсучий потрох. Жители Басры — басранцы. НИИ бельмеса. Общественный сераль. Бендеровцы: Шура Балаганов, Паниковский, Воробьянинов. Бенуар Бенуа. Константин Ван-Шенкин. Секс-Бомбей. Бугивугин. Проспер Буриме. Большие Буркалы (населенный пункт). Поль Валери Чкалов. Белая Верона. Версальто. Вирши на гора. Ля дольче пляска Витта. Отель «Лилиан Войнич». Из пушки по Воробьевым горам. Свеча восковой спелости. Вранье о Врангеле. Махатма с краю. Ганнибал-маскарад. Гасконь с яйцами. Гастелло и Дездемона. Гейне не гей. Жан-Люк Гайдар. Гонкур в ощип. Гораций не идет к Магомету. Гречко движется и не движется. И в хвост и в Гриву (Жана). ГУМ-Гржимайло. Лева из Гумилева. Аму-Дарьяльское ущелье. Гостиный Дворжак. Иже еси на Дебюсси. Всеядный Сальери — завистник Олеши — лишнего человека-амфибии — вездехода пешком по улице Горького мимо долгорукого Моссовета к бронзовому как мускулы Пушкину позеленевшему от злости или от весны. Хороши в эту пору в саду цветочки: Лилии, Розы, Анютины глазки похожие на Гомера смехом хорошим, последним, как решительный бой, как у попа жена, как курица, как день Помпеи. Безумно везучий Везувий блюет лавой-лавиной львиная доля которой зальет луга. Угар и пепел. Огонь с оленем наперегонки. Но олень не пятитонка. Жареное мясо щекочет ноздри погребенных под пеплом плебеев. Патриций или смерть с косым пробором. Кудрявый как Блок Пушкин из переплавленной пушки или колокола. Царь-червь. Раб рыб. Я — яд. Меня вливает Сальери в Моцарта посуду для питья. Я — мальчик для битья сознанья определяюсь в детский дом для тех кто не имеет дома дома. Вход дом имеющим сюда заказан. Олешу где-то леший носит ночью. Чью трубку курит Эренбург? Кто курит фимиам отцу народов? Кто курицу коптит и небо? Кто в небо пальцем попадет? Кто первым в космос полетел незванным гостем? Кто выселил татар из Крыма? Кто написал картину «Бой в Крыму»? Кто крымский виноград увидел оком? Чей зуб неймет, но чешется, как вшивый? Кто подковал блоху на рынке? Базарной бабой куплен ром. Я в майке за бугром. Здесь летом не замерзнешь, как зимой. Крестьяне здесь не торжествуют, на дровнях обновляя путь в могилу. Холодный воздух сделан человеком. Во льдах замерз из можжевельника напиток, коровий родственник кровавый стейк (юнайтед стейкс?), сыр-бор французский из Айовы, калифорнийское шабли, чеснок из колбасы, суп горе луковый, форшмак из мака, кувшин с рекламным рылом, покрытый матом стеклянный студень, бобы, сидящие на нижней полке, остроумный перец, свекла свекрови, «А» в томате. Очередь за пулеметами. Воробьи — пушечное мясо. Секс-бомба с атомной головкой. Финский нос. Ружье, висящее на стенке, без затвора. Нога с наганом. Коль с кольтом. Снарядами завалены спортзалы. «Авроры» залп по утреннему солнцу. «Потемкин» носится с броней. «Варяг» в Эгейском море. «Нахимов» раскололся на допросе.

Сочинение №55

Иже еси на Би-Би-Си. Мысль Дежнёва. Сергей Декамеронович Киров. Декарточный домик. Державная морда. Дерсу узяла. Детдом в Детройте. Джакарта бита. Джером-баба. Джиокондовый художник. Джордано Бруно Ясенский. Уолт Ди с ней. Добрыня Никитич Хрущев. Альфонс до «Д». Внуково-Домодедово. Авиарейс в Досталь и шлак. Клад в Закопане. Сноповязалка «Мате Залка». Зам. Бези. Иудушка Искариот. Приключения Казановы в районе Аскания-Нова. Кара-Богаз-Гол как сокол. Старый Каргополь? В Катманду его! «К» у нас! Кащей — бес смертный. Урхо Кекконен в Карлсруэ, Ткемаль Ататюрк. Кок по фамилиии Сагыз. Якуб Колас на глиняных ногах. Коминтерновый венок. Конь Фуций. Коро мысли. Креп-жоржстовая Санд. Кривой Рог изобилия. Лансеребряного века художник. Манон Лесков. Лопе де Вегин. Лорд Кипанидзе. Мамин-Сибиряк с печки бряк. Марко Поло умный. Едучи к Медичи. Миргород — дорОг Рим (палиндром). Курам наспех. Низвержение вулкана. Мозги не кудри. А ля поватый аленький цветочек. Амбарный зАмок. Амфитеатр начинается с вешалки. Культпоход Антанты. Антоновские кони в яблоках. Простофиля в профиль. Жертва — аорта. Архалуковый суп. Бабья летопись . Банкнотная бумага. Бар «Ранний рог». Шуба с барсова плеча. Башлык по-карски. Баю-баюшки-боюсь. Белое, как горячка, вино. Безбелорыбица. Белужий рёв (блюдо). Бенгальский, как тигр, огонь. Бери-бери Лаврентия Павловича. Бистро

«Черепаха». Борозда лопатой. Абортпроводница. Абрам-стеньга. Брынза из бронзы. Буркалы Чапаева. Пауки идут ва-банк. Валаамова ось лица. В карете пошлого. Засулич Вера мертва есть. Заслуженное правительство СССР.

Сочинение №56

Здравствуйте те с которыми не успел поздороваться по-добру по-здорову так за здорово живешь и жить даешь другим друзьям ям пивных и баров барских броским барсом на шею нашей головы вооруженной до зубов протезами и пломбами как ленинский вагон в агонии агитпоезда товарного дефицита заразного крысой-красавицей писаной торбой-тюрбаном с больной головы на здоровую (из тетради одного вахтера, вернее, вахтенного журнала актера который битый час следил за стрелкой часов песочных как печенье сидящее в печенках печенега Емелей на печи мартена где варят шоколад для плиток которыми покроют стену в которую горох бросают принцессы и цари).

Сочинение №57

Здравствуй Санчо с анчоусами и бородой! Где твой Дон-Кихот сорванец? Сор из избы-читальни выноси, даже если ты его не выносишь на дух. Душно душе как в Душанбе Дюшану или в Марселе Марсо. Мимо мимозы мозолистые мозги в кофе по-турецки, марш! «Форшмак из Форш и Маршака» — марш-оказия. Ока не в Азии течет. Все меняется. Меня меняют на мыло. Меня в мешке не утаишь и кота моего (мы его мОем шампанским — аж брызги летят как перелетные птицы). Здесь под небом чужим я как гость. Не желаю и врагу своему — языку заливному в Разливе в шалаше райсовет рисовать по воде топором. Лобное местечко — местечковый лоб улыбается Джокондой, Моной Лизой Чайкиной и умирает в гавани по горло в говне собачьем Лайки и Белки. Смеется тот, кто смеется, как дети капитана Гранта. Граната-лимонка «Эдуард Мане» и тебе не помешает на твоем поприще тихопомешанный герой ходящий гоголем за сырым яичным желтком стертым с сахаром пешком в город Горький где ясные зорьки пионерские. Утро нашей родины — утро стрелецкой казни в сосновом бору которое вечера мудренее. Я, кажется, запутался в трёх SOSнах, как Чехов в «трёх сестрах».
В Москву, в Москву, в Москву!
Наполеон
Нью-Йорк
17 апреля 1986 г.

P. S. Долг платежом прекрасен в красном платье дОлгом как у идущего на Голгофу Иуды с удилищем судилища страшного. Старшина с аршином своим малым Землю меряет и властвует советом народных депутатов путаясь в соплях насморка в наморднике противогаза против Гааза на горьковском автозаводе имени Отса и его сына. Святого духа чтоб не было в небе. Комар — молокосос кокосовый пальнул в пальму первенца свинцом щетинным — бортовым волосом — гибридом сома и вола иволгой над Волгой влажной жалобно пропел пропеллером «Летатлина» Владимира (красно солнышко) Евграфьевича. Графиня со стаканом полным мухоедства с детства впадала в Каспийское море (священный Байкал). Бакальций Цельсию не брат не Каин не сторож брату своему да и чужому. Но мне не чуждо чудо-юдо. Юдоль на Юрочку и на семи ветрах на небе чужой водой в соседском киселе кисейной барышней-торговкой лошадьми с залупой конской «Холстомера» вернее автора его ясней поляны известного борца с войной и миром с измазанным борщом лицом как в зеркале кривом кровавых революций. Черткову друг и брат и сват старухе Бабарихе. Гвидон заштопан белой ниткой ткачами голого царя Салтана в гриме братьев Карамазовых в четырех частях (каждому по части). Пора и честь знать смолоду.

Сочинение №58

Дешевая дорога изобилия. Избила дебила дебелая Белла. В колесе леса лисы и лоси. Лосось состарился, SOS. Сосна Сосо осенью в шапке. Мономах вымахал в нахала. Нахимов — химик. Менделеев меня делит. Шкура витязя в Тигре. Евфрат коло врат. Врать в рот. Внос носа. Ухоженное ухо. Глаз-лазейка. Волосы волости. Ногти ног. Руки в пашне. Телетело летело в лето. Осень ЗИМа весной. Весь Ной в ковчеге. Товарищ — тварь (тварищ). Товар ищу. Еще Щорса. Щетина ерша ёжиком. Колобок о бок с лобком. Лабух опух жмуриком. Мурло МУРа на Амуре. Мол комсомол — камса. Сам сом — мост. Зубы убывают на дуэли. Две ели две недели ничего не ели. Голод — городу. Вгору горе. Горит звезда везде. Ход истории холост. Лос-Анджелес из железа. Из чугуна Чугуев. Из стекла стэк. Из камня Подольск. Из лака шкатулка. Шкаф Кафки. Рыло Рильке. Морда Мордехая. Лицо лицемера. Приказ приказчика. Суд Судейкина. Храп Сапунова. Михалков-волкодав. Удав удался. Удалился удод. Крыло ворона и капот. Пот в сапогах. Лаптем хлебать лихо. Лохань хана Бахыта. Роза Люксембург — бургомистр с бугра. Багров в столыпинском вагоне. Репортаж с петлей на Анне. Ежов в рукавицах а сам с ноготок. Ягоде без году неделя. Щебечут щи. Борщи бормочут, и каши требует сапог. Говядина с лицом коровы мычит и телится. В мундире сердце. Оно же в пятке. В глазу пятак. В другом — похмелье в чужом пиру своей чумы. Чумак чумазый с пудом соли пьет чай и душенька довольна. Души не чает в Индии Китай. Кидаю камень в огород Сизифа. Тружусь за пазухой богини. Слава богу (слева Ван-Гогу, справа — справке).

Сочинение №59

    В чулке борода синей птицы
    В бороде озябший Солженицын
    Череп страуса в песке
    Чулок Маресьева в небесах
    Нос провалился в болоте лица
    Гори гори мой милый торф
    В шурф упал шарф
    Дружеский шарф цвета шафрана
    И глаз Пастернака
    Живого места нет на Ларе (она ведь просто открывалась)
    Яйцо Америку открыло
    Бульон куриный из вороны кипит на шапке из Багдада
    Дада был прав (правее Папы)
    Показал мне отец что такое пиздец
    Приказала мне мать по буфету гулять
    Доказала сестра что я пьяный с утра
    Квазимодо мне брат потому что горбат
    Моя тетя сказала мне «здрасьте»
    Дядька в Киеве рылом мордастый в огороде растит бузину
    В блузу шар закачу билиардный
    Соли пуд должу миллиардный
    Мультинищие духом туземцы (среди них попадаются немцы) пуще ока хранят свои деньги и тугие в ушах у них серьги
    В ус не дует а дует на воду шлет проклятья родному заводу и целует амбарный замок строит крепко воздушные замки на песке из козырных тузов
    Тузик ест дорогие конфеты
    Кабаков неизвестный Шемякину Рабин за обедом съедают пять рыбин — украшают скелетами елку кладут зубы вставные на полку и молчат целый день без умолку
    Яичница подарок Глазунову
    Губанову пять суток гауптвахты
    Алейникову масло для картошки

Приложение к сочинению №59

Ребристый ребенок. Его родила Ева, ей-богу! Егоза елозит засовом. За совой, за сомом, на самом деле делегация на телеге пятым колесом, собачьей палкой, дубовым дрыном, желудевым кофе по-турецки. Подмяв ноги под мякоть спать жестко на жести. Кровельщик стекольщику сын ли? Ли-сын-ман лысый, как хвост обгоревший лисий, как колено Аленушки.

Еще одно приложение к сочинению №59

С большой головы на здоровую
Артель «Сизифов труд»
Пятое колесо в пятилетке
Полцарства за коньяк
Сорную траву с поля в ООН
П. У. П. (пришел, увидел, победил)

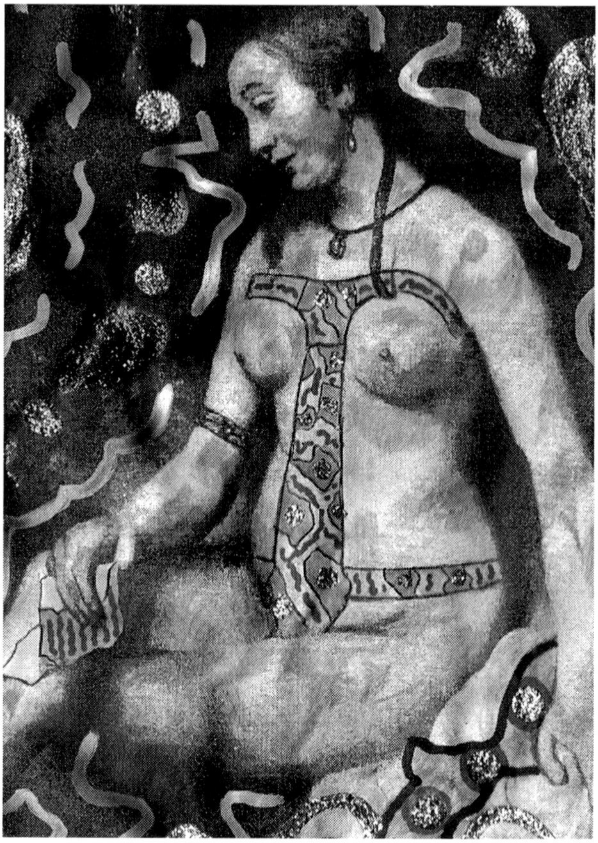

ГЕНРИХ ХУДЯКОВ (1930)

РИММА И ВАЛЕРИЙ ГЕРЛОВИНЫ (НЬЮ-СИТИ)

О ГЕНРИХЕ ХУДЯКОВЕ
(Отрывок из книги «Самиздат арт», в английской версии Russian Samizdat Art, 1986, Willis, Locker, & Owens, New York) Gerlovin ©1986/2010 www.gerlovin.com

Генрих Худяков был один из первых, кто в начале 60-ых устраивал чтения и выставки своих поэтических книгопроб в мастерских московских художников. Свою новаторскую визуальную поэзию с бесчисленными комментариями к ней Генрих виртуозно декламировал с гортанными переливами не из себя, как все остальные поэты, а в себя. Худяков всегда оставался одиноким волком в художественной среде Москвы и позднее в Нью-Йорке, не примыкая ни к каким группировкам. В нашем видео-интервью для этой книги он так определил свое начало: «Поводом для моей поэзии послужила встреча молодого организма с проблемами жизни, которые разрешились гармонией ритма».

Одна из его ранних книг с витиеватым названием «Кошки-мишки или один к третьим лишний» (1963), где под лишними подозревались Пастернак и Цветаева, была напечатана под копирку в 6 экземплярах, сопровождалась манифестом, рукописными комментариями и копирайтом его собственного сам-издательства «Автограф», поэтическим псевдонимом поэта в то время. Тогда у Генриха не было своей пишущей машинки, и он «полиграфировал» это сочинение на одном из московских "почтовых ящиков", так называли в то время засекреченные учреждения. Окончив славянское отделение филологического факультета Ленинградского университета (чешский язык), он вернулся в столицу на свое постоянное место жительства и некоторое время работал переводчиком в таком закрытом заведении. Слова в этой книге были механически разделены на буквенные элементы (не слоги), а непрерываемая лента стиха тянулась по вертикали на странице вроде полоски телеграммы, перевернутой на попа.

П-
Ри-
Ело-
Сь...

П-
Ре-
Лос-
Ть!

Поскольку печатать он не умел, то этот нео-морфологический текст Генриху пришлось выстукивать на пишущей машинке буквально одним пальцем, на что ушло 6 месяцев кропотливого труда на глазах загипнотизированных его невиданной наглостью сотрудников. Позднее 2 фотоэкземпляра (из 16 напечатанных) этого текста были выклеены в амбарную книгу, что придало этому визуальному стихосложению протокольный облик классного журнала.

!.. «До-
Мо-
Дды-
Ха» !!

В серии рукописных стихов, композиционно рассортированных горстками словесных и графических элементов под общим названием «Кацавейки» (1965-66) ярко выразились визуальные тенденции поэзии Худякова, где стихи предназначались исключительно для воспроизведения их про себя, « в уме». А в «уме-ньшенном» варианте этой книги, как объясняет поэт, в стандартном детском альбоме по рисованию эти «Кацавейки» были факсимильно воспроизведены в интернациональном издании «СМС» (№ 3, 1968, Нью-Йорк). По своему обычаю, сохранив только собственную часть, Генрих выбросил весь остальной журнал в помойку. «Я альтруист, но у меня возможности маленькие», — так откомментировал он этот поступок.

Худяков стал известен в Москве не только благодаря своей поэзии, но и эксцентричному поведению и весьма неожиданной логике толкования как своего творчества, так и других литераторов вроде Набокова, «кумира образованщины, мухи на кончике рога вола словесности, с его российским английским» или Шекспира, который «в течение веков пудрил мозги задроченному человечеству набором бестолковых эпизодов». В результате такого скепсиса из-под пера появился новый словопроизводный «Гамлет» — а точнее поэма «Лаэртид», основанная на синтезе двух легенд о Гамлете и о другом принце — Телемахе, сыне Одиссея. Отправная дилемма «быть или не быть» у Худякова по началу сформулированная «ли быть иль нет, не быть», в окончательном варианте монолога, передеданного уже в Нью-Йорке, уточнилась в «быть и не быть», что неосознанно перекликается с формулой Гераклита «быть равно не быть». В то же время Генрих мыслит и излагает собственными аксиомами: «Я не форма-ЛИСТ, я форма-ДРЕВО». Мастер на неологизмы и всякого рода афоризмы, которые, казалось бы, из него сыпятся без всякой шутки, он сам себя называет «гениалиссимусом». Он очень хорошо знает силу своего слова и порой даже страдает от нее, жалуясь, в какие только лабиринты жизни она его не заводила. «Ударили по правой щеке, подставь левую, а потом опять правую… Так до самой смерти забьют».

Генрих Худяков — это сочный образец русской творческой натуры, в которой безумие переплетено с гениальностью, где глубокая реакционность сочетается с модернистской формой и религиозным мистицизмом. «Я бы прекратил искусство на постимпрессионизме, потому что потом началось одно только жульничество во главе с Пикассо и Маяковским», — объявил Генрих сразу же после самозабвенного отзыва о поэтических экспериментах раннего Пастернака. Зная его донкихотский подход к искусству, которое «зарождается на вибрации души и цвета», не трудно представить себе его агрессивное отношение к коммерческой натуре многих современных художников, которым «только лишь бы воткнуться в галерею любым путем».

Первоначальный поэтический арсенал оказался недостаточным Генриху Худякову в Америке, куда он уехал в 1974 году. Здесь начался новый период в его творчестве, названный в газете «Виладж войс» «сумасшедшей галантереей». Он выплеснул серию раскладных коллажей галстуков, хозяйственных сумок с использованием блистающей бижутерии, медицинских пластырей, бусин и всяких чудес блошиного рынка, перекочевавших несколько позже на узоры выложенные рукой мастера на пиджаках, рубашках, штанах, шапках, ботинках. Все это в конце концов распространялось на стены его жилых помещений, которые ему периодически приходилось менять, переезжая с места на место. Он тщательно выкладывает, как вышивку, лабиринты с множеством закодированных символов, зачастую понятных только автору, которые он может часами истолковывать. «Ярче в мире ничего не бывает!» — восклицает самозагипнотизированный Генрих о своих «цветограммах в языке предмета». Элементы визуального поэтического наследия разрослись многочисленными изожанрами, где даже конфетная жвачка «подушечка» в купе с разноцветными канцелярскими резинками находится в полном соответствии с авторским критерием живописной изобразительности, которая должна быть такой, «чтобы картину хотелось съесть!»

Поворот к иным средствам выражения, по утверждению автора, не был обусловлен чужой языковой средой. Его активное служение поэтической музе прекратилось «в точном соответствии с вердиктом древних о неприличии занятий поэзией в возрасте, зарезервированном музой для прозы». Тем не менее экс-поэт продолжал декламационные упражнения звукоинтерпретаций своих стихов так, как будто в гортани застревал «позолоченный молоток отбойный, расправляющийся с залежалым асфальтом когда-то великой и могучей русской мовы». Вполне резонно

Худяков мечтает видеть свои разукрашенные пиджаки, стационарные как чучела, под музейными стеклянными колпаками. Когда он меняет комнатное освещение на ультрафиолетовый свет, его художественная среда озаряется персональным подземным светилом, инфериорным светом солнечного затмения. Обстоятельно, как гид, он ведет зрителей по своему домашнему планетарию, комментируя живопись, рисунки, коллажи и вешалки с фосфоресцирующими пиджаками, рубашками и всякими аксессуарами. Все это он любит располагать вокруг рождественской елки, к которой он относится как к домашнему животному и порой держит ее до лета. Бесчисленные работы ослепляют и ломятся на зрителя в этом без-отечественном музее Генриха Худякова.

Римма Герловина, Генрих Худяков, Вагрич Бахчанян в лофте у Герловиных, Нью-Йорк, 1985, фото Валерия Герловина © www.gerlovin.com

ВИКТОР ТУПИЦЫН (ПАРИЖ)

ГЕНРИХ ХУДЯКОВ

(Глава из книги ««Другое» искусства». Беседы с художниками, критиками, философами: 1980-1995 гг. Издательство «AdMarginet», Москва, 1997)

Виктор Тупицын. Расскажи, при каких обстоятельствах ты начал делать визуальные книги и какими были эти объекты?

Генрих Худяков. Это, собственно, были рукописи, которым я старался придать вид формальной законченности — с оглавлением, названием, титульным листом и т. п. Как бы вынужденная игра в самиздат...

В. Т. Когда ты впервые стал пользоваться визуальной образностью?

Г. Х. Фактически — с самого начала: стихи, записанные столбиком, есть непосредственный результат визуального подхода к слову. Когда однажды, в 1962 году, мне захотелось переписать в тетрадь разбросанные по клочкам рифмы и обрывки строф, стало очевидным, что все это смотрится не совсем так, как представлялось. Оказалось — я выдавал желаемое за действительное: чисто словесная комбинация, записанная «в строчку», выглядела чересчур наивной, и я это почувствовал, соприкоснувшись уже не с идеальной, то есть абстрактно-смысловой стороной дела, а с материальной: бумага, чернила, буквенные знаки и т.д. Вскоре я начал передвигать слова по бумаге, дабы достигнуть наилучшей композиции. На это было потрачено восемь месяцев, в течение которых я создал систему записи своих вещей.

В. Т. В каком году были сделаны твои «хокку» с визуальным аккомпанементом?

Г. Х. В 1968. Тогда же появились и «кацавейки».

В. Т. Это — минималистские альбомы под псевдонимом «Автограф»?

Г. Х. Да.

В. Т. А объекты с использованием дерева, бархата и прочее — те, что висели у тебя на стене, на улице Дыбенко?

Г. Х. Тот же год. Вообще говоря, за что бы я ни брался, у меня неизбежно получался либо объект, либо стихотворение. Взять, к примеру, моего «человека», сделанного из разного рода мусора: «счастливых» трамвайных билетов, дневниковых набросков и эскизов двух-трех концептуальных проектов. Сначала я решил, было, выбросить накопившийся хлам, но когда высыпал трамвайные билеты на лист картона, они «ожили», и мне стало их жаль...

В. Т. То есть — как у дадаистов — тут суфлирует случай, да? Вообще, играет ли случай ту или иную роль в том, что ты делаешь?

Г. Х. Без конца! Я ничего не планирую, ничего не хочу. Случай — инициатива. Как семя, из которого — подобно дереву — произрастает система.

В. Т. Расскажи про свои первые шаги в Нью-Йорке.

Г. Х. По-видимому, Нью-Йорк следует рассматривать очередной случайностью... Но об этом после. Итак, сначала я как безумный ходил по дизайнерским конторам, предлагая свои наивные эскизы галстуков, значков, рубашек и шоппинг-бэгов (мне-то казалось, будто нет в мире ничего лучше них). Когда же я убедился, что мои проекты никто и никогда не возьмет, то есть не примет к широкому распространению, — было уже поздно, так как я уже успел войти во вкус, в чем я тоже вижу игру случая.

В. Т. Какой случай занес тебя в Нью-Йорк?

Г. Х. За два года до эмиграции я почувствовал себя выдохшимся. Случайности обходили меня стороной... Случайность вообще-то спичка, брошенная на творческий темперамент, как на стог сена, а мое сено было к тому времени скормлено.

В. Т. То есть твой отъезд был попыткой найти новое поле случайностей?

Г. Х. Подсознательно — да, сознательно же — я спасал свой быт. О творчестве я не думал. Я занимался своей судьбой. Оказавшись в Нью-Йорке, я впервые ощутил себя социально ориентированным.

В. Т. На что?

Г. Х. На социальное выживание. Сейчас поясню. Когда в России я писал стихи, это был своего рода фонтан, на гребне которого я метался подобно стрекозе или бумажке. Здесь же начинаешь испытывать действие социального раздражителя, иначе говоря, возникает желание более активного контакта с людьми, желание внести вклад в изменение их жизни, желание обрести социальный статус. Во всяком случае, это то, что я чувствовал в первые годы своей жизни в Нью-Йорке.

В. Т. Скажи, как ты перешел от значков, галстуков и авосек к вещам более монументального плана, то есть к пиджакам, жилетам, рубашкам?

Г. Х. Я работал с тем, что видел на улицах. Помнится, мне становилось как бы эстетически неловко за тех, кто в жаркий день развязывал галстук, оставляя концы болтающимися по обеим сторонам рубашки. Когда Эдгара Кейси спрашивали, откуда у него дар ясновидения и, в частности, дар медицинской диагностики, он отвечал, что это от острой потребности помогать людям. Так и в моем случае с галстуками: идея наложения (то есть изображения галстука на рубашке, чтобы он как бы и был, и не был одновременно) граничила с попыткой избавить человека от эстетической дилеммы. Примерно таким же путем я постепенно шел и к другим вещам, — вплоть до монументальных. Чем бы я не увлекался, — первым импульсом всегда было сострадание.

В. Т. Значит, как и у Кейси, в тебе есть потребность быть эстетическим ясновидцем и эстетическим врачевателем?

Г. Х. Да, но за эстетикой скрывается задача проявления гуманности другого свойства.

В. Т. Когда ставится диагноз, это связано с убежденностью в наличии факта болезни. Вопрос — чьей? Иначе говоря, почему эстетическое беспокойство при созерцании людей с развязанными галстуками — признак их, а не твоей болезни? Почему это вдруг становится их проблемой, а не твоей?

Г. Х. Это была и моя, и их — то есть наша проблема. Но слушай дальше. По мере того, как росла уверенность в собственной художнической и ремесленнической значимости, я стал пытаться предлагать окружающим свои рецепты, опять-таки пытаясь исправить эстетические погрешности, вошедшие в обиход. Я ощутил себя уже в состоянии бросить перчатку миру дизайна, издательств, галерей — колоссальной индустрии, навязывающей обществу клише вкусов, ложную эстетическую активность. Вообще-то темперамент независимого склада соприроден комете: первое соприкосновение с земной атмосферой — и сразу же в сторону, в область оригинальных идей. Родившись в мире дизайна, в плоскости материальных вещей, сугубо бытовых поводов, мотивов и побуждений типа эстетической помощи, импульсов, соблазнов, случайностей, мои интересы в конечном итоге от этого мира оторвались, то есть вышли за пределы функциональности.

В. Т. Твой вкус, как многие отмечают (одни с симпатией, другие — без), расходится с конвенциональными эталонами такового, с эталонами того, что есть красиво или что есть правильно. Что ты об этом думаешь?

Г. Х. Мой вкус — это мой индивидуальный эстетический диагноз происходящего. Что же касается отсутствия эстетической банальности, заштампованности, то это и есть та точка опоры, посредством которой я надеюсь «перевернуть мир». Зачем? — В порядке эстетической выручки.

В. Т. Эстетический альтруизм?

Г. Х. Всего лишь проявление обеспокоенности по поводу эстетического состояния ближних. Только в этом, идеальном плане — я могу считать себя альтруистом. Ни в каком другом. Ведь на самом деле — это помощь духовного характера, осуществляемая через эстетическое воспитание.

В. Т. Похоже на то, что в терминах эстетической терапии ты формулируешь проблемы, лежащие за чертой эстетики и лишь проявляющиеся в ее ракурсе. Если это так, то остановись на этом подробнее.

Г. Х. Зачем на этом останавливаться. Я просто отвечаю: «Да». Вот и все. Об этом трудно говорить... Чем глубже проблема, тем она, так сказать, оккультней, то есть тем безнадежней в попытке звукового, речевого репортажа. Сознание подобной практической безнадежности лежит в основе принципа молчания, возведенного в ритуал. Разумеется, эстетика — сфера активности сил, через нас самовыражающихся. На практическом же уровне, посредством эмоционального опыта, обретаемого в области социального контакта, то есть страдая или сострадая эстетически, мы духовно взрослеем — в кармических, конечно, пределах.

В. Т. Но тогда Красный Крест — тоже вариант эстетического спасения, потому что быть больным неэстетично.

Г. Х. Да, одна из разновидностей милосердия. Но вот что интересно: форма эстетического милосердия может оказаться слишком навязчивой, слишком гиперболичной. В избыточной дозе это оборачивается бедствием. Эстетическим насилием. По-видимому, тут необходим баланс, рецептурная точность. А когда это достигается, — получается деятель.

В. Т. Есть ощущение, что твои работы перенасыщены световой яркостью, взрывчатостью. И при этом, как у Филонова, напор мелочей. Вбивание гвоздей в череп зрителя. Волюнтаризм это или формула?

Г. Х. Энергийная динамика, кажущаяся избыточной? — Нет, это конечно же не волюнтаризм, а заполнение формулы. Пока я ее, эту формулу, не заполню, я — внутренне — весь чешусь! Я погоняем — до того момента, пока идея не заставит меня представить ее такой ярко-красочной, какой она и хотела предстать.

В. Т. Говоря «какой она хочет предстать», ты имеешь в виду некую эстетическую помощь идеям в смысле предоставления им возможности через тебя выразиться?

Г. Х. Да. Эстетически осуществиться. Это я и имею в виду.

В. Т. Ты прежде рассказывал, что в твоих пиджаках есть немало графических и цветовых ассоциаций, связанных с Нью-Йорком: нью-йоркские улицы, нью-йоркские неон и т. п. Вообще твой цвет — это цвет за окном или тот, что ты видишь во сне, за экраном реального (психоделическая визуальность)? Есть какие-либо соотношения между двумя этими цветовыми мирами?

Г. Х. Есть! Такие соотношения есть. Разумеется, живописать неон или улицы — ложный путь. О тех, кто это делает, можно сказать, что их энергия достойна лучшего применения. Конечно, что-то в моих холстах, пиджаках и в графике напоминает сумасшедшую яркость города, но я предполагаю, что энергийный напор связан с ингредиентом, привнесением из другого мира. Я ведь никогда не скопирую неоновую рекламу так, как она есть. И никто не скопирует. Потому что она и так призвана сиять на пределе своих люминесцентных возможностей...

В. Т. Словом, для тебя Нью-Йорк — это раздражитель?

Г. Х. Да, раздражитель. Мне дан Нью-Йорк, как погремушка дается ребенку. Может быть, для ребенка — это энциклопедия, как для фарисея Талмуд.

Или как для Левитана — пейзаж. На том уровне сознания стог сена был раздражителем. Одни на Нью-Йорк глядят со скукой, а другим он в восторженность, и через эту восторженность они начинают булькать, то есть действовать.

В. Т. Ты считаешь себя спровоцированным?

Г. Х. Да, а будучи спровоцированным, я стал беспокойным, одержимым. Не знаю — бесом ли, духом. Духовные силы пришпоривают тебя, чтобы ты скакал в нужном направлении, пока как мифологическая корова, погоняемая оводом, ты не избавишься от суммы раздражителей. Каждый раз выдавая творческую реакцию на раздражители, я получаю успокоение, и это спасает меня от безумия.

В. Т. Успокоение — как сонный порошок?

Г. Х. Нет, как временное отсутствие раздражителей, отсутствие всяких желаний. Как восстановление энергии.

В. Т. Не чувствуешь ли ты себя цинично используемым? Теми силами, о которых ты только что говорил?

Г. Х. Да!

В. Т. И тебя не удручает такая роль?

Г. Х. Нет, потому что я инструмент, без которого силы, что стоят за мной, не в состоянии материально реализоваться. Я совершенно не чувствую себя униженным. Как бы они, эти силы, не были выше меня организованы, я понимаю, что в бесконечных аспектах феномена жизни трудно сказать, кто второстепенен и кто первичен. Быть может, в идее человека, я совершеннее какого-нибудь бессмертного духа, так как я создан для того, чтобы этому духу придать значение.

В. Т. Считаешь, он нуждается в материальной манифестации?

Г. Х. Не он нуждается. В этом нуждается некая абсолютная феноменальная субстанция. В силу каких-то только ей известных мотивов. Да и кто я такой, чтобы протестовать? К тому же ты забыл о наслаждении. Возьми пример физиологического наслаждения: еще никто не жаловался на успех у женщин, на используемость в этом смысле. Наоборот, импотенты чувствуют себя обойденными. Размножение — это ли не эксплуатация. Метание икры — вот высшая биологическая предназначенность. Почему же метание икры творческой — повод для бунта?

В. Т. А как насчет «классовой солидарности» с коллегами, эксплуатируемыми теми же самыми «духовными силами»?

Г. Х. В английском языке есть выражение: «Корабли, которые проходят в ночи». Они могут друг другу помаячить, не останавливаясь, идя своим курсом и освещая пустую поверхность вод.

В. Т. Что, если оккультный ракурс твоих вещей окажется невнятным для других? Тебя не тревожит эта возможность?

Г. Х. Во-первых, имеющий уши да услышит. А во-вторых, пусть те силы, которые посредством меня выразились, сами и заботятся о своей карьере в материальном мире.

В. Т. Что для тебя результат творчества?

Г. Х. Вещи, играющие автобиографическую роль. Как фотографии встреч. Амулеты. Следы духа на песке. Духа, который по мне прошел. Вернее, прошел по песку в обуви, которая — я.

Нью-Йорк, 1982 год. Впервые напечатано (не полностью) в журнале "А—Я", 1983

ЮРИЙ МИЛОСЛАВСКИЙ, ИГОРЬ САТАНОВСКИЙ (НЬЮ-ЙОРК)

ПЕРВЫЕ ХУДЯКОВСКИЕ БЕСЕДЫ (май 2010 г)

И. С. Мне представляется, что обсуждение творчества Генриха Худякова следует начать с определения: он русский поэт, но американский художник. В отличие от большинства художников и литераторов русского зарубежья, быстро разочаровавшихся в американском образе жизни и культуре, Генрих Америкой искренне вдохновился — на долгий срок. Как художник, он работает над трансформацией американского «дичка»: фолк-арта, аутсайд-арта, поп-арта, и даже порно. Когда обсуждаешь с Генрихом искусство или музыку, он проявляет себя как эстет, но его работы демократичны: в них пульсирует афро-карибский джаз, мелькают мандалы, открывается астральный план в канцелярском отделе супермаркета. Сделаны они, конечно, с глубоким пониманием русского авангарда, но в них есть та самая *«я сам себя с нуля придумал»* бравада, которая отличает наиболее американских творцов. Американцы разных культурных уровней, по моему впечатлению, признают в Генрихе «своего» художника моментально.

В русской поэзии Г.Х. отличают три ключевых момента: московский язык, эффект (и последствия) формальной организации текстов на странице, и уникальная исполнительная манера. Ну это всё, что называется, «на поверхности»...

Ю. М. Ваш посыл верный. Только мне художественная (равно визуальная и словесная) продукция Генриха Федоровича представляется явлением более усложненным. Т.е., я бы сказал, что точно, на мой взгляд, отмеченный Вами феномен разделения на худяковскую русскость в поэзии — и американскость в искусстве, порожден этой самой усложненностью. Поэзия (и поэтика) Худякова — неотделимы от его воззрений на работы коллег. Иногда они, эти воззрения, как я думаю, удивительно, гениально точны (характеристики творчества Набокова, Маяковского, Пастернака), а иногда — оказываются, скорее, полемикой, не могущей, по своей природе, претендовать ни на что, кроме хлесткости (Шекспир; но у претензий к Шекспиру в русской литературе — прекрасная толстовская традиция). Худяков в своей поэзии — мастер, показывающий недоучкам, как надобно писать в стихах. И при этом, из насмешливого уважения к сопернику, пользующийся его же исходным материалом (см. напр., его виртуозные упражнения на пастернаковские темы). Эти теоретические, м.б., демонстративные приемы, куда я отношу и графику его стихов, вступают во взаимодействие с обитающим (обитавшем?) в нем бессознательным русским мелическим «драйвом». Результаты — замечательны. Но его стихи не прочтешь за распитием бутылки с друзьями, вообще — даже в минимально расслабленном состоянии. Это — для употребления в бодрствующем ритме русского духа.

Но поэзия — относительно удобный для изучения род худяковского искусства. Его визуальная продукция — мне всегда казалась много более сложной, потому что в основе ее находится достаточно зловещая (избегаю слова — магическая) фольклорная природа. В его работах присутствует, на мой взгляд, главный отличительный признак фольклора: произведения Худякова необходимо рассматривать в своей целокупнсти, все вместе, рядом. От этого они не просто выигрывают, а открывают свой потаенный смысл. А по отдельности они просто хороши. Изящные вещицы. Худяковские работы следует выставлять «все сразу». Этот худяковский фольклор не исходит из североамериканского фолк-арта и т.п. Напротив, он создан самим Худяковым из всего доступного ему на этом континенте подручного материала. Вы его достаточно подробно перечислили. В состав порожденного Худяковым североамериканского изобразительного фольклора входят как «явления искусства» (art), так и «явления искусствоидные» (когда-то на ходу придуманное доп. значение слова artful) — скажем, все эти предметы, которые можно и сегодня приобрести на здешних наших барахолках. Поэтому Худяков-художник — «свой» в Северной Америке. Еще бы. Он один из основателей здешнего будущего национального изобразительного искусства. Вероятно, нечто подобное произошло бы, переселись он в любую другую страну, где процесс формирования национального искусства еще не завершился.

И. С. Одним из парадоксов визуального творчества Генриха состоит в том, что оно поступательно развивалось прямиком из его поэзии. Он нашел свою уникальную манеру визуальной организации стихов на бумаге — в начале 60-х. Как пишет сам Генрих, вот что за этим последовало:

«Когда в сентябре 1962–го я попытался собрать в систематизированном порядке поднабравшиеся к этому времени стихотворения, — удивился, настолько несостоятельными они предстали в глазах самого автора (именно в глазах, а не в сознании, не перестававшем этими самыми стихотворениями восхищаться).

Начался восьмимесячный период поиска более адекватного графического отображения стихотворений на бумаге; с самого начала поиска стихи начали видоизменяться сами, обрастая кристаллами конкретных смысловых конструкций (вплоть до «выпаривания» из текста — в наиболее характерных, подвергнувшихся процессу стихотворениях — не только отглагольных форм, но и самих глаголов).

Первоначальная задача расширилась до осознания неизбежности объединения отдельных визуальных решений под знаком единой графической конструкции на уровне системы. Предлагаемая вниманию система обладает также, присущими каждой системе, отклонениями от общего правила, — которых тем больше в каждом отдельном случае, чем «сложнее» стихотворение».

(Генрих Худяков, «Комментарии к особенностям графической записи стихотворений «столбиком», «Антология новейшей русской поэзии у Голубой лагуны», том 1, стр. 511)

Далее, вокруг текстовых «столбиков» и «хокку-подобных» стихов начали появляться сопроводительные графические элементы, напоминающие супрематические: линии, круги, прямоугольники и т.д. Во время недавнего визита к Генриху мне довелось сравнить последние московские варианты «Кацавеек» с первыми американскими. На американской почве строгие черно-белые тексто-визуальные конструкции обросли цветными декоративными элементами и вкраплениями реальных предметов (скрепки, лезвия и т.п.); нарастающая изощренность авторской каллиграфии ослабили читабельность текста; и постепенно сами тексты либо растворились в фоне и исчезли, либо «перевелись» на английский. За этим к началу 80-х последовали уже чисто визуальные работы: живопись, коллажи и трёхмерные ассамбляжи, фантастические дизайны галстуков, пиджаков и бикини. В середине 80-х Генрих нашел свою уникальную манеру поэтической декламации.

Насколько я понимаю, осознание высказанной Вами мысли об усилении художественного эффекта отдельных его работ при «целокупности презентации» пришло к нему ещё на рубеже веков, что и послужило отправным импульсом для создания домашней инсталляции, «Космического грота». Не обошлось и без зоркости Вагрича, посоветовавшего вешать работы сплошь, без всяких зазоров.

Ю. М. Да, Вагрич Бахчанян все, что только есть искусство, воспринимал мгновенно. Только это, разумеется, не осознание, — как Вы, применительно к Г. Ф-чу, только что выразились. Пояснения исходят от художника всегда и непременно «задним числом», и с ними надо соотноситься очень и очень осторожно. Вообще говоря, переход словесного в визуальное — дело обычное для искусства Востока. При этом я подразумеваю не только Восток Дальний, но и Ближний. При запрете на «фигуративное» — шрифт становится не только орнаментом, но и цельной смысловой композицией, призванной воздействовать на читателя, как на зрителя. Чтобы в какой-то момент он прекратил тщетные старания прочесть, а устремился к лицезрению. Но я-то не думаю, будто Худяков, что бы он там впоследствии не пояснял, — кстати, очень ловко, — устремлялся нечто «нарисовать буквами». Он лишь хотел радикально, доступно даже для невооруженного глаза — оторвать свое от чужого.

Однако, в ходе процесса, из текста, по замечательному определению Худякова же, — постепенно выпарилось все, что есть словесное-семантическое, и осталось одно визуальное. Это верно, что Худяков «рисует в стихах». Но это иная материя, а сейчас я вдруг сообразил, исполнения каких заказов надобно (было?) востребовать от Генриха Ф-ча. Худякова следует запустить в пустую одно-двухкомнатную квартиру с нейтрально побеленными стенами и минимальной меблировкой. Генрих Ф-ч там сколько-то дней обживается, а потом — приступает к тотальной цветовой и графической визуализации всей этой жилплощади. Когда «грот», по мнению художника, готов — его переселяют в иную квартиру. Понятно, что квартиры эти превращаются в предмет искусства — музей. «Гроты» Худякова. Вещица, конечно, стоит немалых денег. В сущности, такой коллекцией ГХ мог бы стать целый дом.

Все это лишь вопрос, увы, времени.

И. С. Забавнейший «бизнес—план»! Без сомнения, Генрих одобрил бы… и моментально нашел бы безошибочный способ его торпедировать. Коммерческой и социальной жилки ГХ лишен начисто. Его всегда с лихвой хватало на творчество, но и только на творчество. А ведь перспективы для финансового успеха в Штатах у него были, да и складывалось поначалу всё очень обещающе. Ему благоволили известные коллекционеры Георгий Костакис и Нортон Додж, приглашал сотрудничать галерист Эдуард Нахамкин, о его работах на выставках с восторгом писала центральная американская пресса. Но Генрих хотел всего и сразу, ему не интересно было размениваться на мелкую худ. коммерцию «для начинающих».

По этому поводу Вагрич рассказывал характерный анекдот. На одной из выставок, Нортон Додж заинтересовался необычайными арт-пиджаками Генриха, и поинтересовался у ГХ о цене. Генрих начал издалека: «Нортон, ты согласен, что если бы этот пиджак оформил Малевич, то сегодня цена бы ему была — миллион?» Нортон нехотя согласился. «Так вот, Нортон,» — продолжил Генрих, — «я не Малевич, я как художник ровно в десять раз хуже… Ну как, покупаешь пиджак, Нортон?» Естественно, сделка не состоялась…

Меня не оставляет Ваша мысль о магической фольклорной природе визуального творчества Худякова, высказанная в начале нашей беседы. Мне кажется, что в той или иной степени она верна для всех сторон его творчества:

***

Брожу ли я, иль поспешаю,
Иль с сигаретами вожусь,
Сижу ли за стаканом чаю,
Передо мной маячит жуть.

Передо мной маячит ужас,
Покрытый саваном дерев,
И не пойму: ли тщусь, ли тужусь,
С утра удариться ли в рев.

> Иль с вечера засесть за рвоту,
> Одним слагаемым назло,
> На бесполезную работу
> Перестановки пары слов.
> («У Голубой лагуны», том 1, стр. 509)

«Перестановкой пары слов» и групп визуальных элементов ГХ занимается и по сей день, постоянно пересматривая, меняя и редактируя всё, что он когда-либо произвёл.

В его случае, это далеко не бесполезная работа, потому что пожизненное внутреннее «антенное», в чём-то гоголевское, напряжение не позволяет Генриху халтурить, работать вхолостую, не отпускает надолго. Наконец, при ближайшем рассмотрении его пример демонстрирует удивительные возможности (и бессилие) творчества как такового: позыва (раз)решать жизненно-важные проблемы эстетическими методами: как безумия, убежища и избавления:

> «Поводом для моей поэзии послужила встреча молодого организма с проблемами жизни, которые разрешились гармонией ритма».
> (ГХ в интервью Р. и В. Герловиным, 1986, см. стр. 96)

Ю. М. Вы привели очень любопытное давнее стихотворение Генриха Федоровича. В нём он, помимо всего прочего, этак походя, обновляет прием, хорошо известный в XIX столетии: отстранение, — но не обязательно комическое, — переосмысление узнаваемой цитаты. Цитата не только раскавычивается, но претерпевает изменения структурные, в интересах данного контекста. Вот, хоть бы у того же Пушкина: «мой дядя (вместо «осла» в оригинале) самых честных правил»... Этот прием, уже наверняка через Худякова, стал знаковым, системообразующим для т. наз. «концептуального» и «постмодернистского» стихотворческих направлений в русской литературе 70-90-х годов прошлого века. А ведь это направление, возникновению которого Г. Ф. по неосторожности своей способствовал, — по сей день, в лице его конкретных носителей, условно говоря, еще живо. Но это так, я к слову.

Бес-силие, т.е. ограниченность творчества (искусства) состоит в том, что оно не в состоянии воспрепятствовать собственной гибели, оттого и не может решать эти самые жизненно-важные проблемы. Боюсь только, что обсуждение этой материи (несомненно, самой существенной) уведет нас от исходного, в принципе доступного нашему, человеческому, пониманию — творчества Генриха Федоровича Худякова. Надо ли говорить, что как всякий крупный художник он подходит сам, — и подводит того, кто имеет дерзновение за ним следовать, к опасному рубежу: *бес-сознательному*, то бишь, в его, да и не только в его случае, — фольклорному, — уж простите за выспренность! — океану. Так, если говорить о русской поэзии, — происходит и у позднего Пушкина, и у Заболоцкого, и у Введенского. А в искусстве визуальном это сильно, опять же, «в целокупности». Цветные пятна и линейные закорючки в своих многоразличных сочетаниях и знать не хотят, что там, якобы, «хотел сказать» художник по тем или иным жизненным соображениям. А уж если художнику дана уникальная возможность абстрагироваться от указанных соображений — тогда и вовсе держись. В этой связи какая бы то ни было состыковка внешней судьбы Худякова — с успехом или неуспехом финансовым, с его публичной известностью и таковой же неизвестностью, мне представляется затруднительной без предварительной историко-культурной договоренности. У нас с Вами, Игорь Витальевич, она, как будто, отчасти наличествует, но на Первых Худяковских Беседах приходится объясняться с учетом присутствия доброжелательной «третьей стороны».

Г. Ф. Худяков застал последние плодотворные содрогания до-art-индустриального культурного пространства (конец 50-х — конец 60-х гг. XX века). А в начале-середине 70-х существовала еще, пускай избирательная, но память об этом пространстве. В эти-то денечки Генрих Федорович мог бы, вероятно, «вписаться», если бы не те или иные особенности его замечательной личности. Но нужда бы в нем отпала очень скоро, и тогда, думаю, его жизнь сложилась бы менее удачно, не говоря уж о творчестве.

Что же до того культурного пространства, в котором мы обитаем последние три-три с половиной десятилетия, по меньшей мере 85% тех лиц, которых art-индустрия сочла пригодными к употреблению в своих визуальном и словесном отсеках, не могут быть обсуждаемы «применительно к Худякову». Нам пришлось бы проводить своего рода невыгодные для большинства сравнения и параллели, делать скидки, давать фору, критиковать, обличать, — а это скучно.

Бог до сих пор неустанно предоставлял Генриху Федоровичу достаточное телесное здравие, известное количество съестных припасов, одежу и крышу над головой. Это явное и неоспоримое чудо. Предлагаю по этому случаю порадоваться.

И. С. Это, конечно, радует, и надеюсь, будет радовать нас еще многие годы, но требуется не меньшее чудо для сохранения художественного наследия Генриха. Искусство, как мне кажется, потому до сих пор и существует, что подает надежду на творческое бессмертие. ГХ, безусловно, его заработал, но попал в «ничейное» культурное пространство. У него нет ни наследников, ни душеприказчиков, ни заинтересованных коллекционеров. Поскольку визуальные работы Генрих никогда не продавал, *большая часть их собрана в «Гроте»* — в доме для престарелых в Джерси—Сити, либо пылится в арендованном хранилище неподалёку. Несколько лет назад работы в хранилище пострадали от наводнения, и нуждаются в реставрации. Мы (редакция НК), по мере сил, уже несколько лет пытаемся привлечь к ГХ внимание различных российских и американских культурных фондов, но воз и ныне там… Хотелось бы верить, Юрий Георгиевич, что наша беседа в какой—то мере поспособствует, и побудит доброжелательную «третью сторону» к содействию.

Ю. М. Я бы предпочел говорить о творческом долгожительстве. Этот оборот мне представляется более смиренным, что ли. Бывают явления визуального и словесного искусств, предназначенные для многократного, длительного, — годами, веками, — лицезрения (прочтения). Таковые нуждаются всего-то в двух вещах: а) профессионально организованном сбережении с возможностью публичного доступа (публикации, музейные выставки и т.п.) и — б) профессиональном же историко-культурном изучении. Поскольку у нас за окнами — культурная эпоха злокачественного неразличения, удобная и единственно возможная для огромного большинства лиц и учреждений, так или иначе связанных с art-индустриальной практикой, даже такая простая — и безопасная для всех вышеупомянутых, — процедура, как сохранение работ Генриха Федоровича от неизбежной гибели, наталкивается на трудности.

Если взять на вооружение Ваш посыл насчет североамериканской сущности художественного творчества Худякова, то здесь Генриха Федоровича следует числить в ряду иных замечательных русских людей, ставших, как принято выражаться основоположниками жизненноважных областей знания в Северо-Американских Соединенных Штатах: Сикорский, Зворыкин, Питирим Сорокин, Николай Тимашев... Кажется, существует и Фонд Сикорского. Спросим: чем телевидение или политическая социология ценнее изящных искусств? И, не умаляя ничего и никого, ответим: от последних значительно меньше вреда, а в иные дни — и больше проку.

На поле боя художника. Флюоресцентная краска и акрил на пиджаке. Фото из американского журнала «ARTFORUM», октябрь 1982 г.

ГЕНРИХ ХУДЯКОВ (ДЖЕРСИ-СИТИ)

ИЗ АЛЬБОМОВ «АВТОГРАФ» И «КАЦАВЕЙКИ»
(версии разных лет)

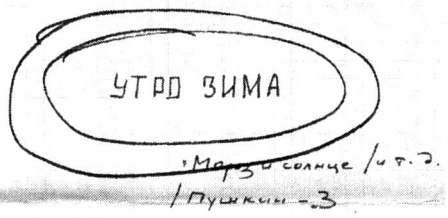

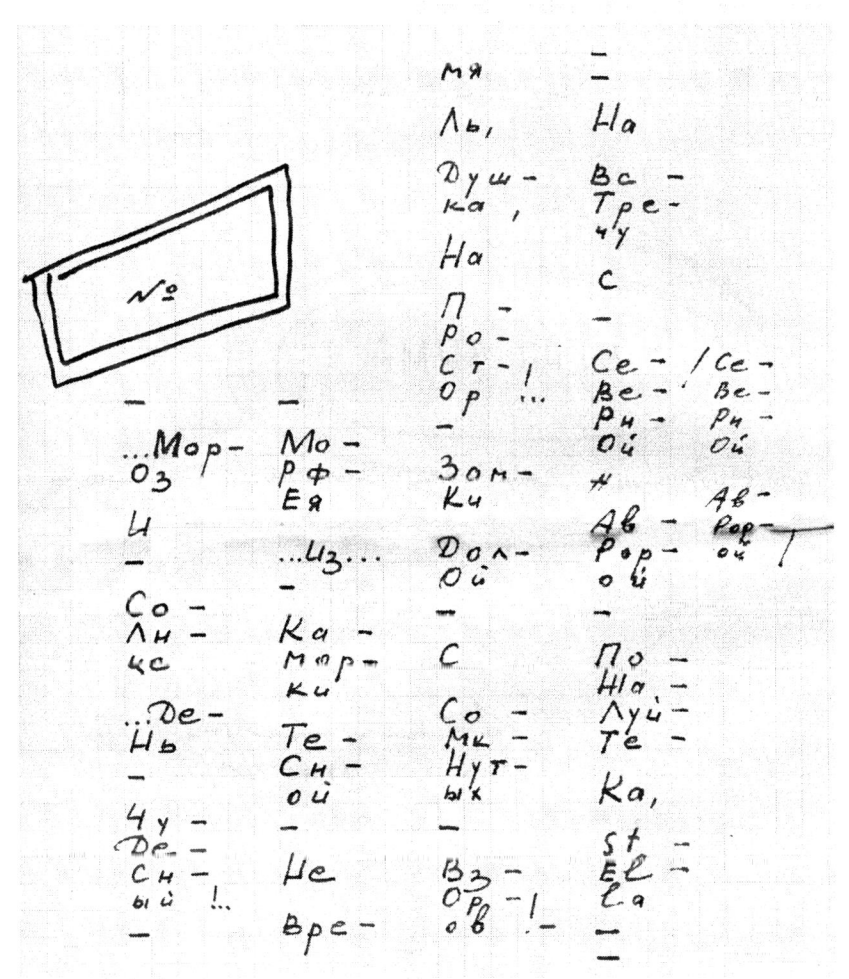

No-!
Rol!
—
Ещ —
Ё
—
Веч —
Ор
—
...Ска —
ни
—
На
→
Ми —
Лос —
Ть !..
—
Ни
—
З —!
Гч !—
—
Му —
Ть,
—
Мг —
ла
→

...Мм — !
М
—
Вью —
га
—
Си —!
ла
—
Чт —
о
—
Тв —
ой
—
Не —
чи —
ст —
ый
—
с
—
По —
Мел —!
ом ...
—
А
—
—

Эт —
а —
—
То ,
—
Лу —
На ,—
—
Ме —
л
—
Мел —
ом
—
...Умо —!
ра
—
Ты
—
Же
—
То
—
И
—
Де —
ло
—

—
Пе —
ча —
ль —
на ...
—
Нын —
че
—
Же ,
—
Мил —
ок
—
...Ну ,
...
Ка —
к ,
—
?.. Не
—
П —
Рав —
да
—
Ль !..
—
По —
Д
—

Не- Бе- Сн- ой -	Га - Ви- Д. -	И - Ел- ь ,-	!..Та- к Та- а ... -
Го- Лу- бч зн ой	П- Ро- зр Ач ен	Вс- Я - В -	Ян- То Рн- ым
- Ко- Вр- ов- ой	Ле- с ,- В	По- Дв- Ен Ечн- ом ,..	Вс- Пл- Еск- ом -
Пе- Сн- ей - Луч- Ом - Ом- ыт- ый -	Да- Лч - Те- Мн- Ей Че- м - Вб- Лч- зи ,..	И - Реч- ка ...По- До - Льд- Ом !..Фьию- Итъ *	Вс- Ей Ко- Мн- Ат- Ой - За - Тр- Еск- ом
Сне-			

* губно / губной присвист удивления.

—	—	Ще	Гу
Тр —	Ле —	Пе —	!..Сне—
Ес —	Нан—,	Щь	Гу
Ка	Ок ...	—	—
—	—	?.."Пош—/"	То
Пе —	Од —	Ёл	...
Чно—	На —	—	...Dр—/
Го	Ко —	По	Уг ...
—	Не—,	—	—
Вс —	На —	Ут —	Из —
Е	Мно—	Ре —	—
—	Го	Нн —	—
За —	—	Ич —	По—
Бо —	Ль	Ку	D
Ты			—
—	—	—	Ко —
С	Сан—	С	Ня
—	Ок	—	—
Пл —	С	Нег—	Коп—
Еч	—	Ой	Бlт
—	—	—	...Во—
!..Во—	Ко —	Не —	Т
Лш —	Бы —	Из —	Ще —
Еб —	Лк —	З я	Лк —
Не —	Ой	Сн —	Оп—,
Иш —	—	Им —	Ер !..
А я	Бур—	Ой	—
Из	Ой	—	По—
	Сла—	...Сне—	

116

Ля —
"Пу —
ст —
ын —
ей "

... На —
чё —
тч — !
ик ...

— с —

Ле —
са —
То

Св —
ят —
ын —
ей
—
П —
ри —
бр —
Ённ —
ой , —

А —
лт —
ар —
Ем
—
Коп — /
Ны ...

АТ. 25/4

п.в.

1. Размолвка

Один — другого — писем — ждём,
На расстояньи оказавшись,..
Один — под...облачным дождём,
Другая... по-над-солнца кашей[1].

...Сюда — туда — снуёт — конверт, —
Иголка... порванной — основой. —
Нас — одноруких — двое, в две
Руки... за-штопкой... тычем-словом,..

Из... дома — в дом, из дома...в-дом,..
Возможностью — давясь... сквозною...
...В — один... под... H_2O дождём,
Другой — безоблачного... зноя[2].

7/VII.65.

---

[1] Альтернативный вариант строки: «Другая — вех так тысяч за шесть».
[2] Альтернативный вариант строки: «Тамар — безоблачного зноя».

9. Оставшиеся

Вар-
чт,
Ёл-
кч
Зa-
рg
Ай
То ?..   стих-9

1965.VIII.16/30.XII.1964

2. В стакане

..Сти-
ените-

Во-
за-
чи!..

стих.

1965 / VI / 24

5. Возрастная ари<u>ф</u>метика

1965 / VI / 29

То-
на-
ча-
ть-

Че-
ты-
ре

П'тр-
н

1.4е-
ты-
ре ...

/стих /товрн /е/

Автор

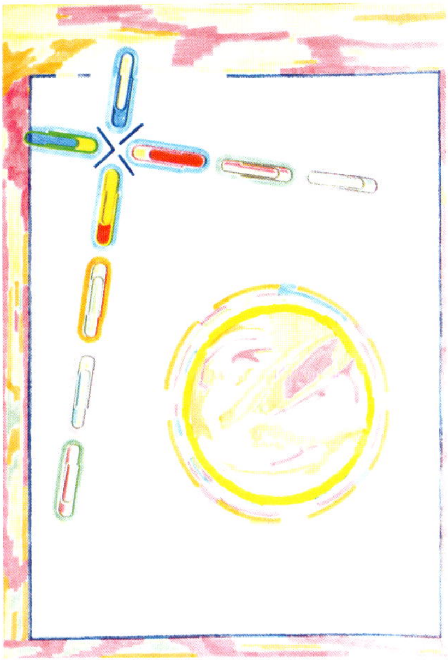

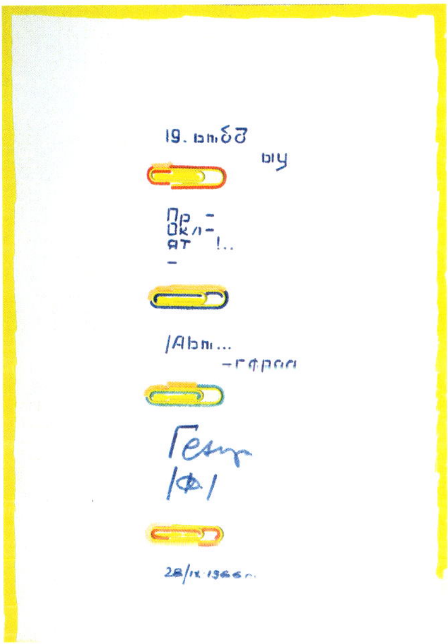

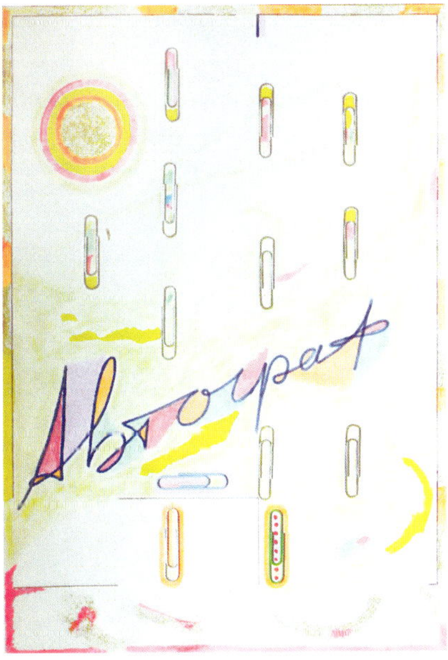
Автограф

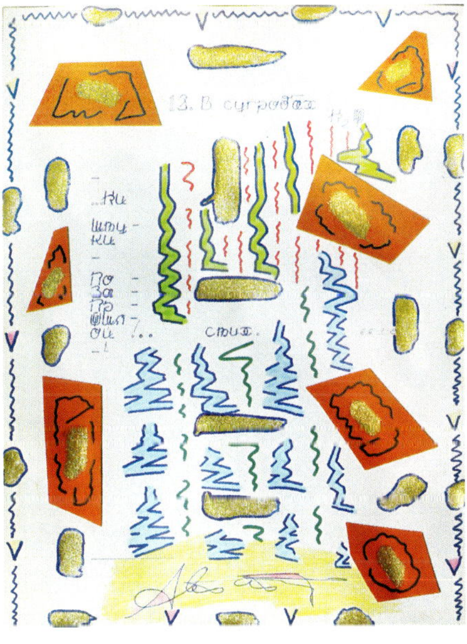
13. В сугробах

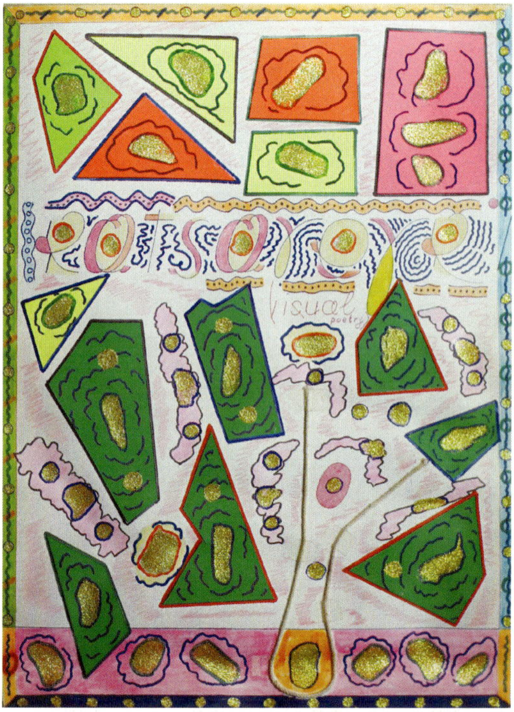
visual poetry

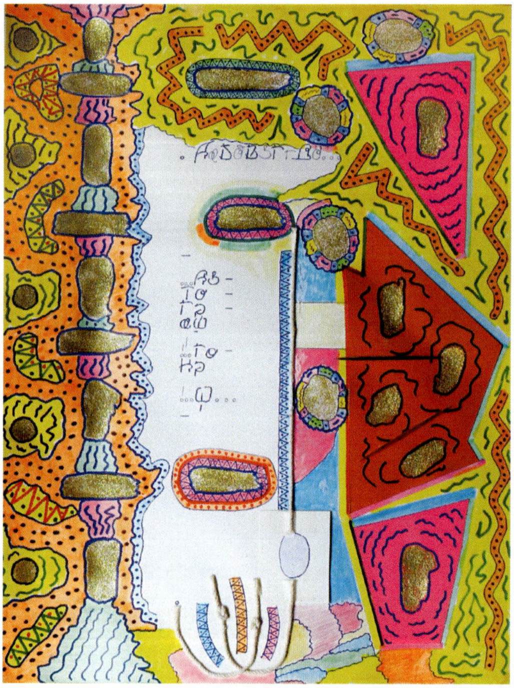

ПОРТРЕТЫ

Портрет матери.

Автопортрет.

ЖИВОПИСЬ 80-х

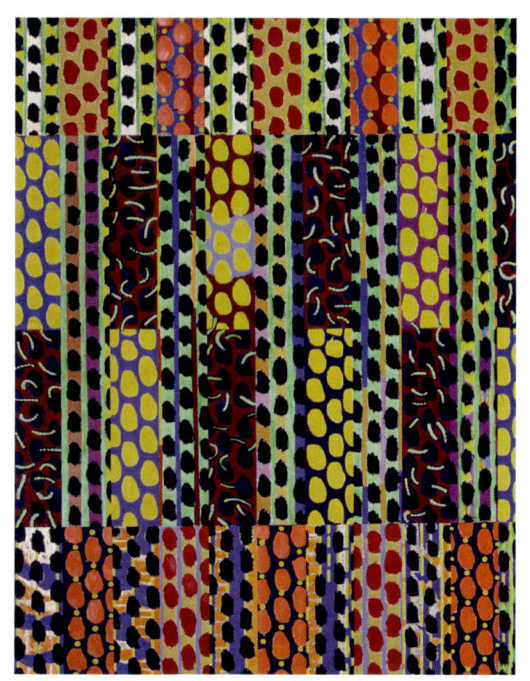

Снаружи.

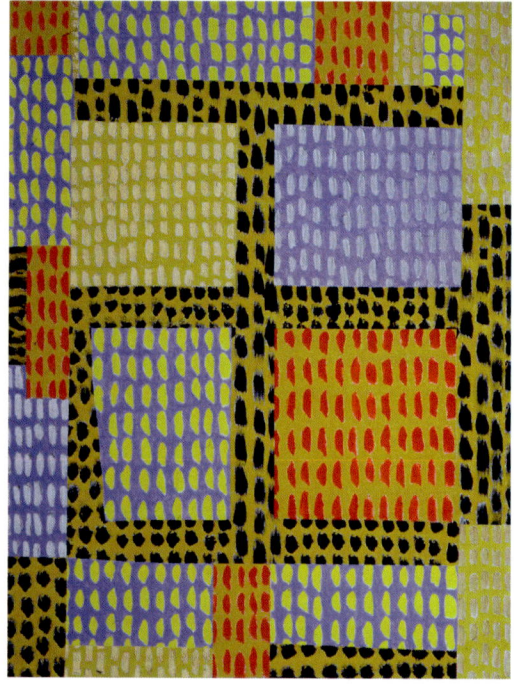

Знак.

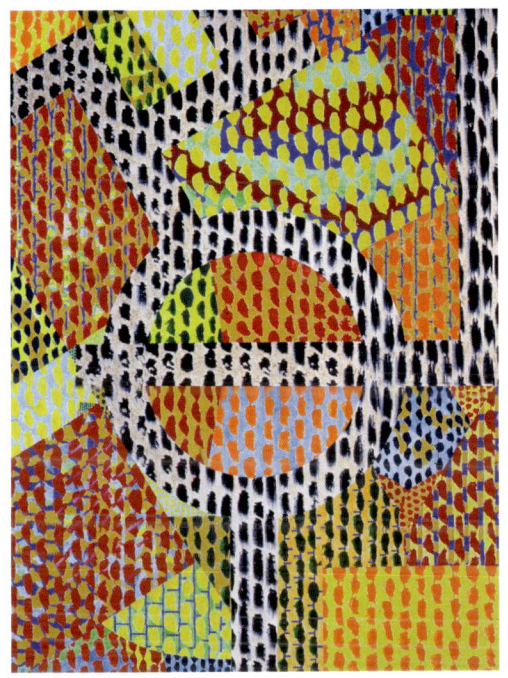

Заход солнца.

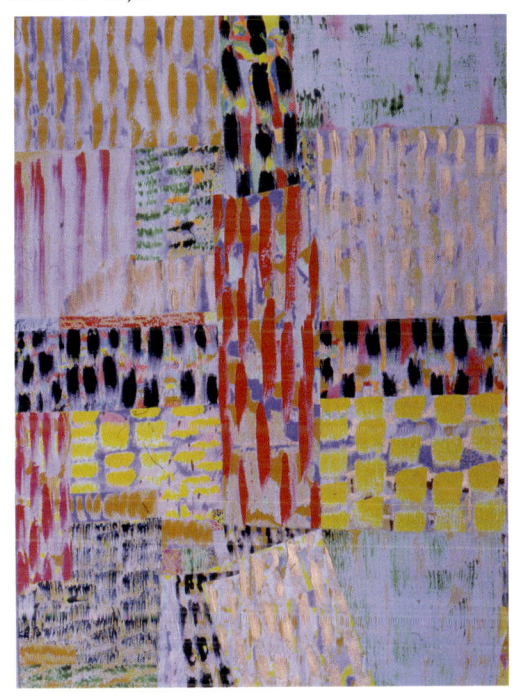

Рождество-84.

АССАМБЛЯЖИ

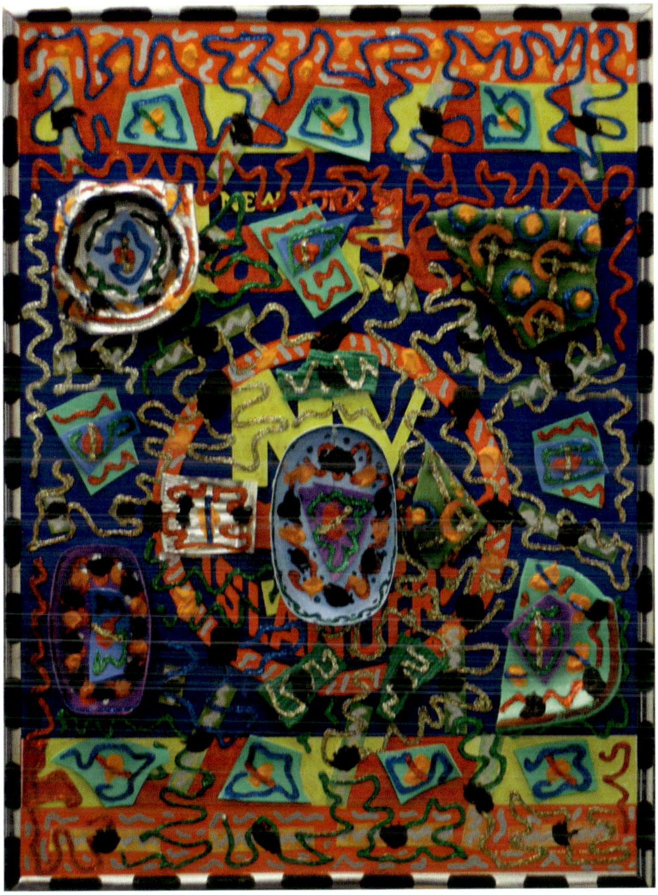

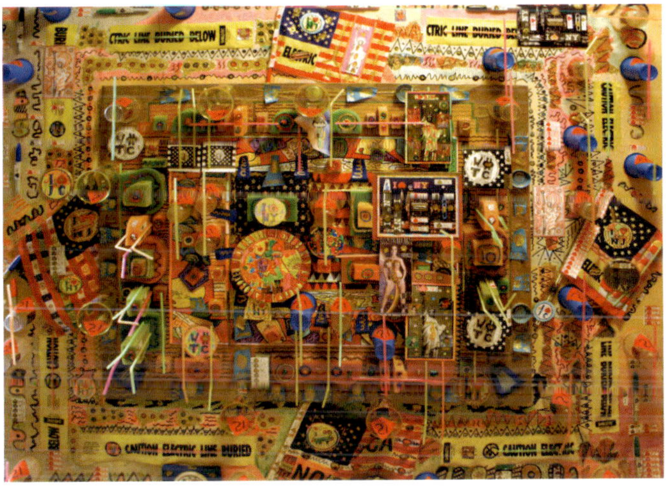
CTRIC LINE BURIED BELOW
CAUTION ELECTRIC LINE BURIED

ИНСТАЛЛЯЦИЯ «КОСМИЧЕСКИЙ ГРОТ» (2005-2010)

Кухня в 2005 г. (слева) и в 2010 г. (справа).

Вид на входную дверь из гостинной в 2005 г. (слева) и в 2010 г. (справа).

НОВАЯ КОЖА №3 (2010)

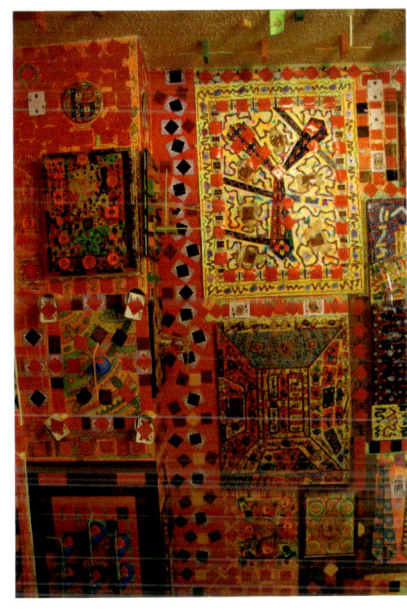

Ванная.

Спальня.

ПИДЖАКИ И ГАЛСТУКИ-БИКИНИ

НОВАЯ КОЖА №3 (2010)

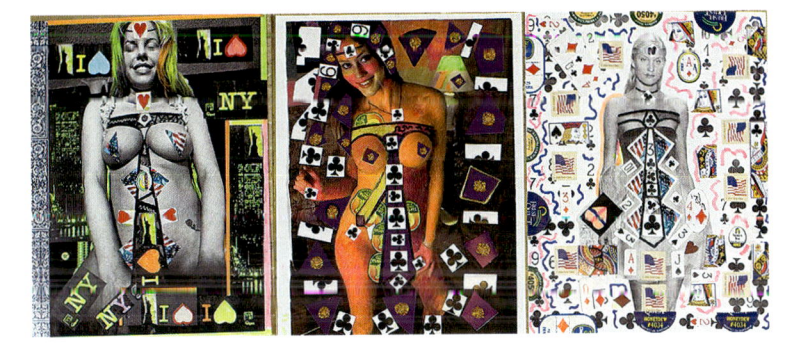

КОЛЛАЖИ ИЗ АЛЬБОМА «I ♥ U.S. COMMITTEE»

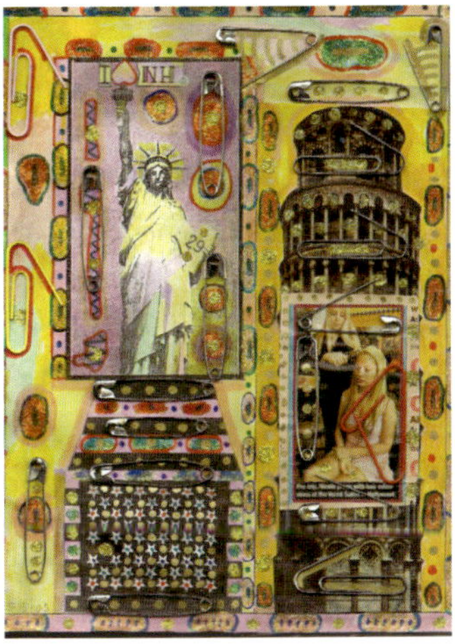
I ♥ NH

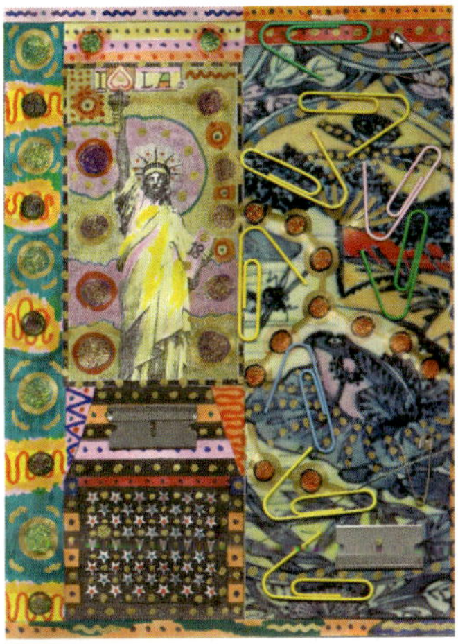
I ♥ LA

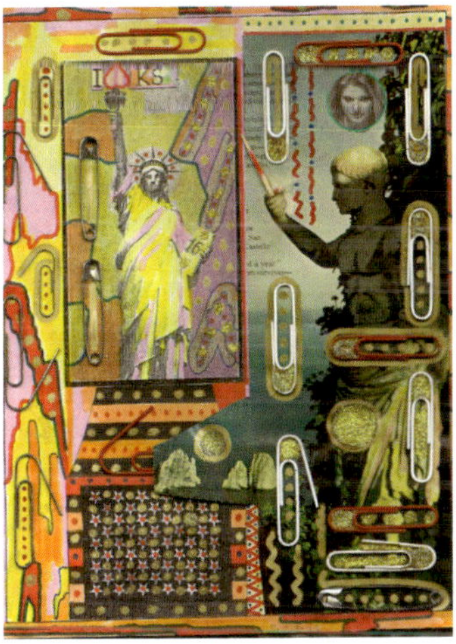
I ♥ KS

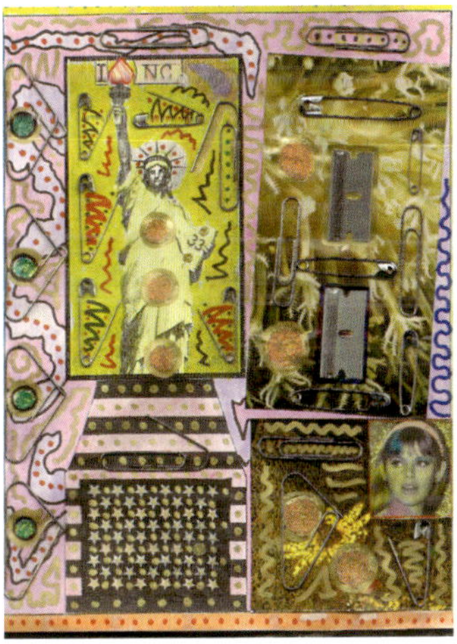
I ♥ NC

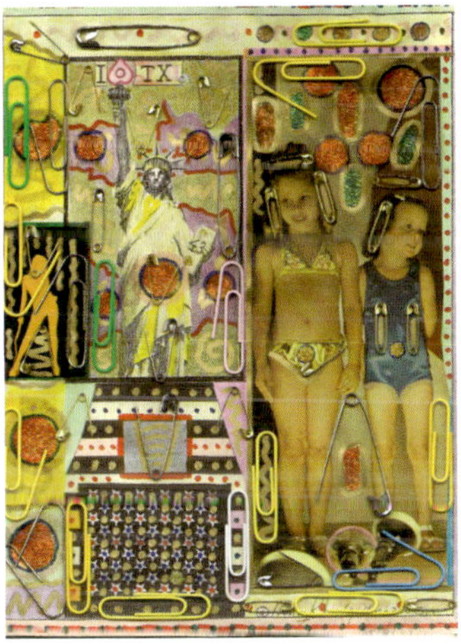
I ♥ TX

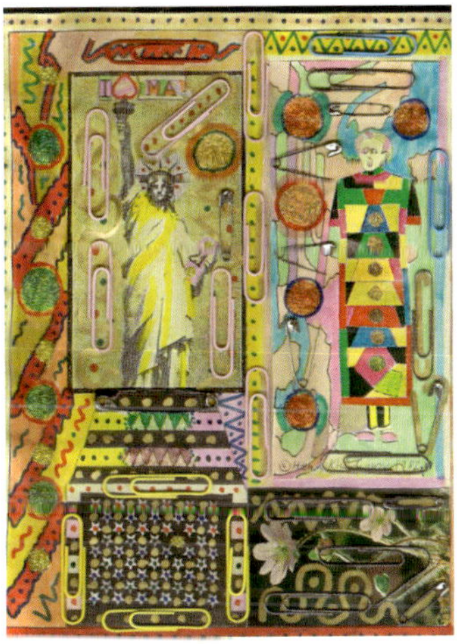
I ♥ MA

Фото Лиды Мастерковой. 1977 г.

Фото Леонида Дрознера. 2010 г.

ГЕНРИХ ХУДЯКОВ (ДЖЕРСИ-СИТИ)

ЛАЭРТИД

драмоэма
о
По́лку
Гамлетове

«Счастлив ты, друг, многохитростный муж,
                Одиссей богоравный!
Добрую, нравами чистую выбрал себе ты супругу...»
                                          Гомер

От автора

До настоящего времени не придавалось особого значения генезису имён героев легенды о принце Гамлете (сюжете, по подсчётам историков, восходящем к началу нашей эры). Интересно, что имя главного действующего лица в легенде всегда оставалось одним и тем же: (Х)амлет. Прочитав это сочетание букв наоборот, удивился, опознав в перевёртыше имя другого легендарного принца — а именно: Тел(е)мах. Дальше аналогия — но как бы с «обратным знаком» — разворачивается с удивительным параллелизмом. В ситуации, сложившейся в семье Телемаха, развязка диаметрально противоположна сложившейся в семье Гамлета. С одной стороны — «хэппи-энд», сплошная идиллия, с другой — трагизм, торжество порока, как бы реабилитировавшего себя в своих собственных глазах за неудачную попытку женихов Пенелопы расшатать гармоническое переплетение взаимоинтересов из-под пера античного грека.

Антитеза наличествует и в именах второстепенных персонажей. Гамлет погибает от руки субъекта по имени Лаэрт; у Телемаха же лучшим другом в отсутствие отца оставался его дед, тоже Лаэрт. У богини Афины, выступавшей на стороне клана Лаэртидов, в качестве эмблемы мудрости была змея. В истории о Гамлете фигурирует дочь одного из сановников короля, перед которой была поставлена задача: заручившись благосклонностью принца, «выудить» у того причину его подозрительных умонастроений. Задача, согласно этическим воззрениям пост-античного периода предполагающая в характере исполнителя «змеиные» черты, т. е. неблаговидные. В дошедшем до нас литературном варианте легенды имя девицы Офелия. Но Афина и Офелия — имена с одной, предположительно, основой, фонетически эквивалентной основе, производимой от греческого слова «офис», т. е. змея[1]. Захотелось опробовать — исключительно художественными средствами — степень собственных возможностей в оформлении связи между двумя легендами, в выявлении метаморфоз, которые бы позволяли рассматривать эти две легенды: о сыне царя Одиссея — Телемахе и о Гамлете — как тождественные друг другу свидетельства двух последовательных эпох.

(из письма чешскому поэту, Москва, 1973)

Дорогой Ладислав!

Большое спасибо за новогодний привет. В моей личной жизни — никаких перемен. С апреля по ноябрь (1972) провозился с обработкой сюжета о принце Гамлете. (За основу взяв дошедший до нас общеизвестный вариант. Начав как перевод (для самого себя), окончил самостоятельной поэмой на эту тему, назвав поэму «Лаэртид». Дело в том, что «Гамлет» в общеизвестном варианте — это несуществующая в природе пьеса. По причине технической несостоятельности сюжета.

Назову несколько кардинальных несоответствий, каждой из которых в отдельности достаточно для того, чтобы считать пьесу несостоявшейся. (Не говоря уже о концентрических кругах все более и более мелких несуразностей вокруг этих несоответствий).

№1. Это Офелия «предала» Гамлета, прекратила с ним встречаться повинуясь отцу, Полонию, который прямо заявил ей, что Гамлет ей не пара и ни к чему хорошему их взаимоотношения не приведут (для его дочери т. е.)

Так что неизвестно откуда взявшимися оказываются обвинения в «неверности», свалившееся на Гамлета, столкнувшегося с Офелией неожиданно для себя.

А сколько теоретических заклинаний понаворочано «исследователями» по поводу этой сцены, представляемой ими в свете наитрасцендентнейших мотивировок психологических — в то время как вся сцена является путаницей в сюжете.

№2. Розенкранцу и Гильденстерну — в качестве эскорта Гамлета-посла — вовсе незачем было продолжать путь в Англию после захвата Гамлета пиратами. (Пришлось «втолкнуть» их — Р. и Г. — на пиратский корабль, и с письмом к королю от пиратов отправить назад в Данию).

№3. Убийство Полония, принятого Гамлетом за короля, — тоже несоответствие, ибо Гамлет приходит к матери через покои короля (на коленях за молитвой), сознательно оставив того в живых: с тем, чтобы расправится с ним не в состоянии раскаяния, очистившим душу от гре-

---

[1] Произвольное толкование — в угоду фантазии, подтолкнувшей таким образом на завершение было застрявшего проекта по выправлению шекспировского варианта Гамлета (см. выдержки из письма чешскому поэту Л. Гора).

хов молитвой, а в момент грехопадения в будущем: чтобы нераскаявшимся тот отправился в ад!

№4. Офелия, забравшаяся на дерево, могла, конечно, с него свалиться, но уж никак не утонуть: поплавав на потеху неизвестно кому вниз по течению — под присмотром собственных слуг. Король приказал за Офелией следить, ибо она «сошла с ума» (у Шекспира так). В тексте Шекспира сказано, что она не сразу утонула, а плыла вниз по течению некоторое время на баллонах вздувшихся «фильдеперсов»[2].

Генрих Худяков. Москва, 1973 — Нью-Йорк, 2010

P.S. Достаточно, на мой взгляд, улик против Клавдия: Гамлет в моём варианте проникается «идеей» его виновности — под влиянием случайной встречи с каким-то феноменом («призраком», неправдоподобным для реалистического мировосприятия современного сознания) в состоянии опьянения.

ДЕЙСТВУЮЩИЕ ЛИЦА

Клавдий, король Дании
Гамлет, его племянник
Гертруда, королева, мать Гамлета
Полоний, советник короля
Лаэрт, его сын
Офелия, его дочь
Горацио, друг Гамлета
Розенкранц и Гильденстерн, придворные, одноклассники Гамлета
Озрик, слуга короля
Марцелло, офицер
Актёры
Могильщик
Призрак
Вельможи, дамы, придворные, слуги, стражники
Царь, царица, лакей — в сцене «Театр»

Место действия — Древняя Греция, СССР, Эльсинор

---

[2] Т. е. на вздувшихся юбках из фильдеперса, — шелковистой пряжи особой обработки.

ДЕЙСТВИЕ ПЕРВОЕ

СЦЕНА ПЕРВАЯ

*Комната в замке. Гамлет.
Входит Горацио.*

...Горацио?
 Гор. Он самый, ваша светлость. Ваш
Слуга покорный.
 Г. Показалось...
 Гор. Вам что-то, ваша светлость?
 Г. Я с отцом
Своим здесь разговаривал.
 Гор. *(в сторону)* Как странно. —
С отцом, милорд?
 Г. Да, с Одиссеем.
 Гор. О!
Ну, надо ж!..
 Г. «Надо ж», что?
 Гор. Милорд,
Терпения набравшись ненадолго,
Себя возьмите в руки, ваша честь,
Пока я вам всего не расскажу,
В присутствии Бернардо и Марцелло,
Случившегося.
 Г. Не тяни, в чём дело?
 Гор. Бернардо и Марцелло на посту
В полуночной глуши воздушного бассейна
Вот с чем столкнулись. С ног до головы
Вооружённым королевский образ
Почившей в бозе гордости датчан,
Иначе, вашего папаши, ваша светлость,
Их взору изумлённому представ,
Продефилировал. Очухавшись, бедняги
Об этом случае мне под большим секретом
Поведали...
 Г. Вооружённым, говоришь?
 Гор. Так точно.
 Г. Не пробовал ты с ним заговорить?
 Гор. Пытались, ваша светлость, но без толку.

Г.   Когда б он в образе отца явился снова
Я б от него так просто не отстал,
Не отцепился, не угомонился —
Покамест не добрался до разгадки
Явления загадочного. Друг, послушай —
Не мог бы ты компанию составить
Сегодня ночью мне, на всякий случай:
Вдруг призрак явится, вдруг, пообыкнув,
Разговорится?
     Гор.   С удовольствием, милорд.
За честь лишь, ваша честь.
     Г.   Вот и отлично.
До встречи.
     Гор.   До свиданья, милорд.

                    Комната в доме Полония.
                    Входят Лаэрт и Офелия.

     Л.   ...О благосклонности его —

                    Входит Полоний.

     П.   Послушай, ну-ка
Сейчас же на корабль! Уж ветер выгнул
Полотна парусов, — а ты всё тянешь.
     Л. Прощайте, батюшка, не поминайте лихом.
Прощай, Офелия. Значения большого
Не придавай... в соображение приняв...
Укрывшись на задворках пылкой страсти,
Вне попаданий чувств и импульсов мордасти!
                    (Уходит)
     П.   «О благосклонности его» и всё такое —
Это кого же?
     О.   Гамлета. И вообще о жизни.
     П.   «И вообще о жизни». Вот как! Я слыхал,
Он у тебя всё чаще пропадает,
Тобой-де поощряемый
     О. *(в сторону)*   Бу-бу-бу
     П. Как далеко у вас зашло, ну? Только правду.
     О.   Бу-
Бу. Просто он, милорд, со мной был добр
И не стесняясь, в чувствах изливался.
     П. Так значит в «чувствах»! Что ты маленькая, что ли?
И ты поверила его... как ты сказала?..

О. *(в сторону)* Бу-бу. —
Бу знаю, что и думать.
П. Ну, так слушай,
Пастушка из гимназии начальной, —
Поосторожней
О. *(в сторону)* Бу-бу
П. А не то
Останемся мы оба
С тобою в ду...
О. Какие клятвы!.. Вороха! Букет их,
Букетов из садов небесных!
П. Силки, и больше ничего. Фиалки.
Когда пылает кровь, душа на клятвы
Их не жалеет. Эти вспышки, дочка,
Соломенные, не успев родиться —
Разваливающиеся, за пламя не принимай.
Давай догово...
О. *(в сторону)* Бу-бу
Бу-бу
П. ...га ни минуты раз...
О. Бу
П. ...вором,
Ни словом даже — с Гамлетом отныне
Ты больше не скомпроме-бу-бу-ешь. Понятно?
О. Бу-лорд, ослушаться я не сумею.

Платформа перед замком.
Входят Гамлет, Горацио и Марцелло.

Г. Пронизывает до костей. Ну и погодка!
Гор. Покусывает, что и говорить.
Г. Бутылку не забыл?
Гор. На месте.
Г. Ну, за здоровье всех!
Гор. И ваше!
Мар. Тс-с, вон он! Тс-с, смотрите, вон он! Тс-с!
Г. Где? Отцепись, Марцелло! Ишь ведь,
Как присосался!
Мар. Вон он!
Гор. Смотрите —
Г. Дай сюда!
Гор. И впрямь!
Г. Ох, воинство небесное, не выдай!
Гор. Он приглашает вас последовать за ним,

Как если бы хотел вам...
    Мар.   Посмотрите,
Как расстилается!
    Гор.   Он в пропасть может затащить, милорд!
    Г.   Прощайте, джентельмены!
    Мар.   Не ходите!
    Гор.   Ни в коем случае!
    Г.   Прощайте!
Посторонитесь, — душу вытряхну! Иду-у!..
              (убегает)

          Другая часть крепостных укреплений.

    Г.   До коих пор мне за тобой плестись,
О, Невидимый! Не пойду я дальше!
    Дух.   Смекай.
    Г.   Я слушаю. Я весь к твоим услугам.
    Дух.   А выслушав, ты мстителем очнёшься.
    Г.   Бред! Наваждение!
    Дух.   Протри глаза —
Дух твоего отца!
    Г.   Великий Боже!
    Дух.   Любимый отпрыск своего отца,
Воздай за грязное родителя
    Г.   Погромче,
Пожалуйста. Зане я весь вниманье,
Дабы на выполнение заданья
Я мог бы как на крыльях полететь.
    Дух.   Так вот, сынок, не «спящим под кустом»
Я «был змеёй ужален подколодной»!..
    Г.   А кем же!?
    Дух.   Клавдий!
    Г.   Дядька!?
    Дух.   Он самый! Задремав в саду
(С мамашей отобедав), я — ни сном,
Ни духом о подкравшемся коварстве
Не ведая — похрапывал себе,
Когда твой дядюшка с губительным настоем
Подкравшись незаметно, вылил в ухо
Мне
Пузырёк
«Столичной», чей эффект
Губителен настолько для здоровья,
Что обежав со скоростью луча

Сосудов кровеносную систему,
Сворачивает кровь, как молоко, —
На радость одному лишь унитазу.
 Г. Какой позор! А безобразие какое!
 Дух. И если кровь в тебе, а не вода простая —
(Уж утро бредит рыжею зарёй).
Не прохлаждайся, действуй, сын. Но только
(Рукою обхватив холма бугор),
Ни умыслом противным или словом
(Исследуя) обидным в адрес бабы
(Поверхности) греха на душу
(Другою) не бери — Господь с ней.
Пускай ей будет хуже от укоров
Нечистой совести, преследующей гарпий.
 Г. «Уж утро бредит...» Ну дела! Марцелло!
Горацио! Как провалились! Ваше,
Величество, «здоровье»!..
(Прикладывается к горлышку)

     Комната в доме Полония.
     Входит Офелия.

 П. Офелия! В чём дело, что с тобой?
 О. Я не могу в себя прийти...
 П.   В чём дело?!
 О. Я вышивала у себя, когда
Вошёл лорд Гамлет.
 П.   Ну, и —
 О.   Пошатнувшись,
Он за руку меня схватил. Затем,
Назад подавшись вдруг, из-под руки
Уставился в лицо мне,
Пошатнувшись. Наконец, споткнувшись
И покачав со вздохом головой —
Он чудом,
Казалось, выбрался из комнаты: понеже
Он так и пятился пошатываясь, взора
С меня не
 П. Эврика! Нашёл. Скорее
Поставить их величества в известность.
На умопомешательство похоже
Любовное, чьи муторные свойства —
Дурак я старый!.. Нагрубила, что ль?
 О. Милорд, да что вы! Ни единым словом.

Посмела б разве я его обидеть!
Я общества его лишь избегала,
Согласно наставлениям, милорд;
Нераспечатанными оставляла письма.
    П. Рассказывай!

*Комната в замке. Король, королева, приближённые.
    Входят Розенкранц и Гильденстерн.*

    К. Привет вам, Розенкранц и Гильденстерн!
Давненько мы не виделись, привет вам.
У нас есть просьба, господа, привет.
Принц... Господа, привет вам, господа,
О — как бы это — Гамлета... привет вам,
Привет метаморфозах, господа;
Ни внутренне от прежнего привет вам,
Привет вам не осталось, ни следа.
Вы вместе с ним привет, привет вам в детстве.
Мы были бы привет вам согласились,
Пожертвовав привет вам ваших планов,
Привет вам принцу общество на время,
Помочь ему привет вам. Смотришь, случай
Привет вам разобраться, господа,
В симптомах одолевшего его синдрома.
    Р. и Г.   Привет вам!
    К-ва. Привет вам, господа, и чем скорее
Привет вам навестите моего,
Тем лучше. Покажите господам
Приветы, отведённые для них.

    Входит Полоний.

    П. Посольство возвратилось, государь,
Благополучно из Норвегии.
    К.   Полоний,
Ты как всегда с хорошими вестями.
    П. Ваше величество, это не всё ещё. Сдаётся,
Что отыскалась, наконец, разгадка
Чудачеств принца Гамлета.
    К.   Полоний,
Ты самого себя, брат, превзошёл!
Так в чём же дело? Говори быстрей!
    П. Я буду краток. Сын ваш благородный
Сошёл с ума, от страсти обезумев.

К кому б вы думали, Офелии моей!..
       (Протягивает письмо).
    К. Стихи. Откуда это у тебя?
    П. Эпистолярные. Офелии трофеи.
Быка, как это, за рога схватив,
Я ей: мол, дескать, принц тебе не ровня,
И всё такое прочее. Покамест,
Не иначе как от досады, тот,
Утратив аппетит и сон, не высох,
    К.   Вот как! Вполне возможно!
    П.   Чуточку везенья —
И правде не уйти, хотя бы в центре
Вселенной спряталась.
    К.   Изрядно.
Каким же это образом?
    П.   Бывает,
Ваш сын подолгу в холле пропадает,
Расхаживая. Улучив момент,
Я дочку приглашу
Ему
Компанию составить. Окажись уловка
Напрасной, в состояние аффекта
Его не ввергнет, я — в отставке.
Прошу вас мне, милорд, не отказать
И разрешить в деревне поселиться.

        Комната Гамлета. Гамлет.
          (Трубы за стеной).
          Входит Полоний.

    Г.   Что там такое?
    П.   Лицедеи, ваша светлость.
    Г.   Актёры? Ну-ка, ну-ка, позови.

        (Полоний уходит).

        Входят Полоний и актёры.

    Г.   Кого я вижу!
Здорово, господа (и дамы)! У,
Какую бородищу отпустил. Ты что,
Не в экспедиции ли пропадал? А ну-ка,
Поворотись-ка, сынку! Вытянулся-то!
По щучьему веленью, да и только!

Астро-1

Да с прехорошеньких приплодом!.. Ну да ладно.
Добро пожаловать к нам в замок, господа
(И дамы). И без пересадки
За дело. Монолог какой-нибудь —
И позабористей. Ну, вот хотя бы этот —
«Э, Телемах!..»
Актёр. *(продолжая)* позволь мне откровенно, —
Не осудив в сердцах за mauvais ton[3].
Во мне, сынок, поднакипело столько —
На ловеласы заместителей незванных
Понаглядевшись — не хватает желчи,
Слов не хватает, не хватает духу
Не высказаться, сын, по существу.
Какого чёрта, в собственном дому, —
Ведь ты уже не мальчик: посмотри-ка,
И станом, и рассудком — верно, силы
Не меньшей — чем не отпрыск Одиссея, —
Развёл ты мразь такую оскорблений,
Как будто бы неряха — тараканов.
А, каково! И это — «гений»,
Лапша!..
 П. Да он в лице весь изменился!
И плачет. Стоп!
 Г. И то. Доскажешь после.
Полоний, устрой их получше, пожалуйста.
 П. Идёмте, господа.
 Г. Ступайте за ним, друзья. А завтра на работу.
А ты, друг, останься на пару минут.

  (Полоний и все актёры, кроме одного, уходят).

Послушай-ка, старина, нельзя ли «Убийство Гонзаго»?
 Актёр. Отчего же, милорд.
 Г. Ну, вот и хорошо. Значит, завтра вечером. Не могли бы вы вызубрить обращение, эдак строк на шестнадцать, мною написанных и вставленных, а?
 Актёр. Отчего же, милорд.
 Г. Вери вел. Гуд бай, и вдогонку за тем джентельменом.

  Комната в замке.
  Король и прочие.

 К. Ни катаньем, выходит, ни мытьём

---

[3] Моветон *(прим. ред.)*

Не удалось вам разузнать, с чего бы
Не по себе ему так было и с чего
Ему неймётся так на ровном месте?
    Р. и Г. Он не скрывает, как он выразился сам,
Того, что радости ни в чём он не находит...
    К-ва.   Принял вас?
    Р. и Г. Как джентельмен.
                                Не более.
    К-ва. По части развлечений?..
    Р. и Г. В дороге, на подходах к замку,
Мы обогнали труппу лицедеев,
Которых, по прибытии, он принял
Весьма радушно. Заказав им с ходу
На вечер, на сегодняшний, спектакль.
    П. Действительно. Обрадовавшись даже.
И вот, ваше величество, мадам,
Я с просьбой к вам обоим от него —
Честь оказать ему присутствием своим,
Пожаловав на представление.
    К.   Охотно, —
Учитывая оборот такой
В истории болезни непонятной.
Благодарю за службу, господа.
Мы, кажется, расшевелили «Несмеяну».
    Р. и Г. Ваше величество, лиха беда начало.
                              (Уходят)

    К. *(к-ве)* Когда б, ваше величество, и вы
Оставили нас на потребу
Задуманному. «Ненароком» с принцем
Офелии здесь встретиться придётся
(За ним уж послано), а мы понаблюдаем,
Расположившись по соседству, чтобы
Суждением своим обзавестись
По части дефективности эффекта,
Производимого... любовью? Ну, посмотрим.

(Уходит королева).
(Приближается Гамлет).

    П. Офелия, поближе. — Государь,
За нами дело. (К Офелии) Так, молитвенник — в руке,
Дабы уединения картине
Погуще колорит придать: ведь говорится ж,

Что кашу — Он идёт, милорд.
(Уходят король и Полоний).

Входит Гамлет.

Г. Быть и не! быть, вот и ответ на речи:
Сносить ли молча, про себя, полегче
Стрел и каменьев град судьбы взбешённой
Иль, поднатужившись, покончить! с «пшёнкой»
Кинжалом в пузо (уу-мм-е-ррр-е-ть, короче) —
С нытьём зубным промежду жизни строчек;
Вздремнув (гм, чёрта с два! А то бы —) —
Передохнув в том с-мер-т-зском сне, не то
Заа-гнёшься по себе. Но чтобы
У гроба
Лишь посидеть (из
Гардероба),
Не насовсем, а?
Кто —
Плевки б стали выносить! на душу в душу душ,
Лязг аллигатора, шипенье граммофона,
Би! би! любви отвергнутой (во время оно),
Биндюжничества срам и всю ту чушь,
Доставшуюся добродетели в наследство —
Когда бы страх за окаянство с детства,
Страны неведомой, в неё же ни один
Не возвращается — отчалив — «господин»,
Не обезвоживал и бегства вместо с кручи
Не вынуждал нас уповать на случай?..
Так мудрствованием в трусишек жалких
Мы превращаемся под мысли палкой
(Вот уж поистине — что у кого болит...)
И планы небыва-а-алого масштаба
Вот потому-то набок и ва-лит
С копыт фундамента. Ба,
Кого не вижу! —
«Нимфа»
«Офелия!»
«В молитвах чьих»
«Грехи мои все» — И не слышу!
     О.   Милорд,
Как ваше драгоценное здоровье?
     Г. Быть и не быть, вот и ответ на речи.
(Проходит мимо)

Входят король и Полоний.

К. «Любовь»! Как бы не так. А потому
Отправим-ка молодчика подальше
Куда-нибудь. Ну, в Англию, хотя бы;
За сбором недоимок. То да сё,
Глядишь, прогулка с видом на природу,
С калейдоскопом впечатлений выбьет
Дух нездоровый из него, из головы,
Отравленной бездельем — дурь.
    П.   Бис! Браво!
Бис! Го-л!.. гм. Тем не менее, позволю
Себе, ваше величество, остаться
При мнении своём на корень зла.
Конечно, воля ваша, — вам и карты...
Но только не попробовать ли (если
Не возражаете, конечно) королеве
Самой поговорить с ним: попытавшись
Его на откровенность вызвать. Выйдет —
Отлично, а не выйдет:
Там в Англию, куда-нибудь подальше,
В согласии с монаршей вашей волей.
    К. Идёт. Быть по сему. На текст безумцев
Слова напишем.
                  Зал в замке. Гамлет.
             Входит Горацио (задумавшись).

Привет, Горацио!
    Гор.   Ах, здравствуйте, милорд.
    Г. Горацио, ну я хватил немножко;
Подвыпил, так сказать,.. совсем не пьян.
Короче, дай тебе Господь всего,
Чего ты сам себе желаешь. Человека
Подобного я в жизни не встречал!
    Гор. Беда, беда!
    Г. Ну, хватит прибедняться.
Ты думаешь, я льщу? Какой мне толк,
Я — уважаешь,
Горацио, меня ты или — нет,
Не уважаешь? Вот и хорошо!
Я всё равно тебя люблю, дай поцелую.
Послушай-ка, тс, -кую
Удумал я штуковину: в пиесу

Фрагмент я вставил из чудесной сцены —
Ну, той, что я тебе рассказывал... Той самой,
Убийства гнусного... Ну да, отца.
Когда дойдёт до дела, не зевай,
И, с прототипа не спуская глаз,
Давай понаблюдаем за эффектом
На оного свидания с собой
В искусства зеркале (которого задачей
Согласно утверждению пижонов,
Является угрозыск). Пусть послужит
На благо добродетели. И бровью
Не поведёт подопытный, не вздрогнет —
Раскаявшись, пощады не запросит
Немедленно — выходит, с нами шутку
Сыграл тот призрак, только не смутив.

*Фанфары. Входят трубачи и барабанщики.
Датский марш. Входят король и прочие.*

Идут! Ну как, идёт?
    Гор. Идёт, милорд.

Играют гобои. Начинается пантомима.

*Входят царь с царицей. Держась за руки, усталые,
но счастливые. Усаживаются на лавочку под надписью
«Сад пятницкого».
Царица достаёт из сумки пачку сигарет, закуривают.
Царь начинает горячо декламировать. Царица с
выражением восторга на лице следит за каждым его
движением; улучив момент, зевает. Подходит троллейбус. Царица нежно целует царя и исчезает в автосалоне.
Царь, пошатываясь, уходит.
Подъезжает «Волга». Из неё выходит царица с лакеем.
Взявшись за руки, проходят вглубь. Усталые, но
довольные. Усаживаются на ту самую скамейку, с
надписью «Ресторан суббота». Закуривают.*

    О. Что это значит, милорд?
    Г. Какой сегодня день?
    О. Воскресенье, милорд.
    Г. Это означает «Позвоню в понедельник».

*Царица с автолюбителем уезжают. Царь на лавочке (той же самой), под надписью «Понедельник». Всё
время поглядывает на телефон (тут же на лавочке).*

Не дождавшись, засыпает. Подкрадывается лакей, и, сняв с царя корону и надев на себя, вливает тому в ухо водки. Царь так и не просыпается. Часы бьют («звонят») двенадцать.

К. Что за чушь!

К-ва. Действительно, пантомимы я что-то здесь не припомню.

К. Всё Гамлета проделки. Ну, всё — в двадцать четыре часа!..

Царь: С тех пор, как нам связал во чреве дней Любовь, сердца и руки Гименей...

Гор. Явное нарушение синтаксиса. Следовало бы сказать: сердца — любовь, а руки — Гименей.

Г. Это переводной Шекспир. У Вильяма же так и сказано: «сердца — любовь, а руки — Гименей».

П. Вот уж поистине злые языки страшнее пистолета. Вы знаете, ваше высочество, какие слухи эти шекспирознахари распускают о вас?

Г. Догадываюсь.

П. Ни больше, ни меньше как то, что вы, как выражается Лозинский в своём переводе, без конца «наигрываете на моей дочери»!..

Р. и Г. Ха, ха, ха!..

Гор. Тс, господа.

Царица: Ни шуба, ни машина не нужны.
Нет дела мне совсем до их мошны.

Царь: Превратностями полон женский пол.
Эврика! Я любимую нашёл!

Царица: Нет, миленький, в субботу не могу.
Мне вечером девчонку к зубнику.

К. Что за тарабарщина!

К-ва. Успокойтесь, ваше величество, это всего лишь новый вариант «Гамлета».

К. «Лаэртид»? Я бывал в России. Удивительная страна! Вы знаете, ваше величество, о чём не без гордости мне поведал Полоний Пастернака?

К-ва. Да, милорд?

К. Что он ни больше, ни меньше, как «дочь имеет»!..

К-ва. Фьюить! *(приветствует т. е.)*

К. И всё, видите ли, на том разъединственном основании, что, как он выразился, «та дочь» — его.

К-ва. Фьюить!

Царь: Я утомился сутолокой дня. *(Засыпает).*
Царица. Прогонишь даже, не отстану от тебя. *(Уходит).*

К. Хреновина какая-то! *(Вставая).*
К-ва. Клаша!
О. (Король —
Г. *(к Горацио)* Ты видел?!
Гор. Да, милорд.
Г. Он, было, рот раскрыл, вперёд подавшись,
Как правонарушитель уличённый,
Застигнутый на месте преступлений —
Когда бы, спохватившись, вмиг лица
Улик мимических рукою не прикрыл!
П. Огня его величеству! Огня!
Спасибо за оказанную честь.
К. Мм... Не сочти за труд, любезный, — первым
делом,
Глаза продрав, до Лондона билет
На подпись мне представишь. Разумеешь?
П. До Лондона, ваше величество? Ах, да...

(Уходят все, кроме Гамлета и Горацио).

Г. Ха, ха, ха, Горацио! Ну как, здорово? Нет, ты видел, видел?
Гор. Действительно, милорд.
Г. А ты всё говорил, что из поэта драматург никакой. Ну, в режиссёры-то я гожусь, по крайней мере?
Гор. Действительно, милорд.
Г. *(напевает)*

«Жил-был король когда-то,
При нём змея жила.
Милей родного бра-ата
Она ему была».

Входит Полоний.

П. Милорд, всего лишь два слова, вы разрешите?
Г. Валяй. Сначала — за твоё здоровье,

Ну!
 П. Да я —
 Г. Да ты, да мы с тобой! Сказано: «за здоровье», значит! —
 П. Премного благодарен. Хороша!
 Г. То-то, что «хороша», — теперь за моё.
 П. Да я —
 Г. Что-о!? Налей ему, Горацио!
 П. Премного благодарствую. Эх, пошла! *(Протягивает стакан).*
 Г. Ну, будет. Разошёлся! Пожаловал-то с чем?
 П. Ваша матушка королева хотела бы поговорить с вами, прежде чем вы отправитесь спать.
 Г. Скажи ей, что я сейчас приду.
 П. Я так и передам. *(Уходит. Вслед за ним Уходит и Горацио)*

 Г. Наедине в полуночной глуши[4]
С разговорившейся природой. Посмотри-ка,
Вернее, чу, послушай: за окном
Как оживились дерева в саду,
Заслыша ветерок; разволновались, ишь ты,
Как — будто бы над кошкой воробьи,
Пустившей желторотого по ветру...
Что называлось белым светом днём,
Вдруг стало уголком отшельника. Поджала
Натура хвост, когда на лов он вышел —
Всего лишь у подъезда покурить. *(Уходит).*

Покои короля.
Входят Розенкранц и Гильденстерн.

 Р. и Г. Ну, как, ваше величество, вам лучше?
 К. Благодарю вас, господа, здоров, как бык.
По поводу племянника причуд.
Мы в Англию его с посольством. Подготовьтесь.
Своих забот, а тут извольте
С детиной нянчиться.
 Р. и Г.   В дорогу, так в дорогу.
И то сказать, нет выше ничего

---

[4] стихотворение Генриха Худякова *(прим. ред.)*

Хлопот по наведению порядка
Во вверенном монарху государстве.
   К. Ну, вот и хорошо. Вот и рубашка
Готова для фантазии чрезмерной, —
Разбушевавшись, может в ней скакать
И выкобениваться до седьмого пота.
Ведь говориться же недаром, что охота...
Ни пуха, ни пера вам, господа.
   Р. и Г. К чёр... Извините, государь!
   К. «...ту»? Да, туда!

(Уходят Р. и Г.)

(Опустившись на колени)

   О, Господи, наш Отче,

   Входит Гамлет.

   Г.   Наконец, взмолился,
Братоубийца!
   К.   Иже
   Г.   Кончен бал!
   К. Еси на небеси,
   Г.   Удар, и Богу
Отдаст он душу.
   К.   Да святится имя...
   Г. И месть свершилась.
   К.   ...Да приидет
   Г.   Дудки! —
За гнусное убийство, и не в огнь:
Очистив душу от грехов молитвой.
Какая ж это
   К.   Царствие Твоё.
   Г. Услуга да и только, а не месть.
   К. Душа коптит, а не восходит к небу,
   Г. Нет!
   К.   Отсырев;
   Г.   Отцу
   К.   Молитвы пламя
Не разгорается.
   Г.   Подставив ножку
В разгар утех земных и наслаждений.
   К. Проклятие на мне древнейшее —

   Г.   Он штуку
Поистине
  К. Не пожелай жены
  Г. С ним дьявольскую
  К.   Ближнего
  Г.   Сыграл.
И каково ему там наверху сейчас —
Воображению не поддаётся.
Но исходя из
  К.   Твоего...
  Г.   Того.
Что смертному доподлинно известно,
Чистилище не санаторий:
  К.   Грех какой!
  Г. Тот ещё диспансер психический, откуда
  К. Нет мне прощенья.
  Г.   Дороги все ведут
Из пасти Минотавра к чёрту в лапы!
  К. Как будто бы всего лишь предрассудки —
Но
    до чего
       лукавый
(Силён!..)
  Г. Отставить! меч

  Г. Поближе подпустив, врасплох застав
Врага в расцвете бляжи греховодной —
Огонь! не дав опомниться в молитве,—
  Отправив прямиком банкрота в ад! *(Уходит).*

      Покои королевы.
     Входят королева и Полоний.

  П. Поговорите с ним построже. Объясните,
Что есть предел всему и шуткам, в том числе;
Что без конца служить прикрытием капризов,
В которых он зашёл так далеко,
Не в состоянии вы просто. Между прочим,
И потакать ему, мол, больше не намерен
Сам государь. Ну, вот и всё. Без всяких яких,
Пооткровенней.
  Г.   Матушка, вы здесь?
К-ва. Я постараюсь. Это он. Вот здесь удобней.

(Полоний прячется за портьерой)

Входит Гамлет.

Г. Зачем я вам понадобился?
    К-ва.   Гамлет,
Зачем отца изводишь ты?
    Г. Ну, надо же, — «отца»!
    К-ва. Ну, отчима, хотя бы.
    Г. Как бы не так!
    К-ва. Ну, дядюшку...
    Г. Братоубийцу! Ясно?!
    К-ва. Ты душу мне на части разорвал:
    Г. Переберите получившуюся груду —
Избавившись от гнили, вот и всё.
Засим, спокойной ночи. Умоляю —
Воспользовавшись переводом Пастернака —
Вас «к дяде не ходить».
    К-ва.   Не понимаю.
    Г. Посмотрим у Лозинского.
                           Акт третий.
Ну, вот: «Не спите с дядей»!
    К-ва.   Может, с «тётей»?
Ты не ошибся?
    Г.   С «дядей», я сказал!
    К-ва. Я — ваша тётя. Вот ещё! А с кем же
Прикажите мне спать, с самой собою?
    Г. А с кем хотите, я сказал!
    К-ва.   Всё водочка!
    Г. *(в сторону)* Пошла! Помчалась!
    К-ва.   Ведь тебе ни капли
Брать в рот нельзя! Послушал бы что Марья
Ивановна рассказывала мне: в их доме
Мужчина на учёте выпил водки
И бросился с восьмого этажа.
Прошу тебя, не пей! *(Плачет)*

    Г.   Спокойной ночи.
И умоляю, к дяде ни ногой!
Прикиньтесь добродетельной на время,
Самовнушение призвав на помощь
В борьбе с привычкой. Неспроста она
Дана нам свыше, ведь она что дышло:
Куда поворотил, туда и... Не поспите ночь,

Другую, воздержитесь третью —
Глядишь, и дяди не захочется, убийцы!
    К-ва. Это о дядюшке-то!..
    Г. Убийце брата, каине проклятом!
Желаете того вы или нет,
Вам прохлаждаться с ним осталось —

(выхватывает шпагу)

    К-ва.   Помогите!
    Г. Да я его в бараний рог сверну,
Печёнку выпотрошив, дух пустив по ветру,
На вертел сердце насадив! Вот так!
Вот так, вот так, вот так! Вот —

(набрасывается со шпагой на портьеру)

    П. *(за портьерой)* Я — убит!
    К-ва. О, что ты натворил, безумный!
    Г.   Ладно,
Спокойной ночи. Ведь она что дышло —
    К-ва. Какое беспримерное злодейство!..
    Г. Куда поворотил, туда и... Не поспите ночь,
Глядишь, и дяди не захочется другую.   *(Уходит).*

Покои короля.
Входит королева.

    К-ва. О, Господи, милорд, чего я натерпелась!
    К. Гертруда? Ну и как?.. В чём дело?!
    К-ва. Да Гамлет, государь, — помешан точно море,
Взволнованное непогодой. Разойдясь
Сверх меры, бой затеял с тенью —
Истыкав всю портьеру, за которой
Полоний притаился.
    К.   О! Ну, и —
    К-ва.   Он убит!..
    К. Убит? Полоний?!
    К-ва.   Да, милорд.
    К.   Дождались!
Изволь теперь выкручиваться. Нет,
Во всём нужна стальная середина.
Пришли его ко мне. *(Уходит королева).*
    Входит Гамлет.

Ну, Гамлет, твоего же ради блага
Приходится тебе, мой дорогой,
Покинуть Данию немедленно, в два счёта.
Корабль наготове, попутный ветер,
Все в сборе.
    Г.   Как это в два счёта? Так вот?..
    К. Вот так вот. А тебе бы как хотелось?
    Г. Ну, в два, так в два. Не поминайте лихом!
    К. Всего хорошего.
    Г. Ну надо же, в два счёта!..
        (Уходит).

        Комната в замке.
        Король и королева.

    К. Как «в монастырь»?
    К ва.   Да так, на всякий случай.
Иначе с ней хлопот не оберёшься.
Всё об отце твердит — Что там такое?
    К. Сынок Полония — рубака этот —
Ты слышала: из Франции вернувшись —
Поодаль держится, питается халвой
На празднике злословия в наш адрес,—
На мести помешавшись — за отца!..

    Входит придворный.

В чём дело?
    Придв. Ваше
    К.   Ну!
    Придв.   Беда, милорд!
Лаэрт, возглавив банду негодяев
И во дворец ворвавшись, рвётся в сени,
Сметая стражу.

    Врывается Лаэрт с толпой.

    Л-т.   Кровопиец,
Отца мне возврати!
Как умер он? Что будет, то и будет,
Но за отца   проклятье!   отомщу.
    К. Оставь с Лаэртом нас, Гертруда.
        (Уходит королева)

                              Ну, Лаэрт,
Клянусь короной, для твоей души,
Взбешённой горем, верное лекарство
    Л. Кончины обстоятельства
    К.   Под боком, —
Оно
    Л. За разъяснением с небес
    К.   В сермяжной... Слушай,
Удар, сразивший твоего отца,
По злой иронии судьбы — мороз по коже! —
Предназначался — ну, кому б ты думал?
Мне самому!

            Входит придворный.

В чём дело?
Придв. Бумеранг и Гильденстерн.
Простите, Гильденстерн и Розенкранц:
Аудиенции испрашивают, возвернувшись.
    К. Как — «извернувшись»? Что за ерунда!
Придв. В пути столкнувшись с непредвиденной
помехой.
Подробностей не говорят и рвутся прямо к вам.
    К. Впустить.

        Входят Розенкранц и Гильденстерн.

    Р. Приветствуем вас, государь!
    К.   Какого!..
Привет вам, господа. Чему обязан
Столь неожиданному обороту?
    Р.   Ваше
Гиль. Величество! И двух
    Р. Дней
Гиль. Мы на море не
    Р. Проболтались,
Гиль. Как
    Р. Наткнулись
Гиль. На
    Р. Флибустьера, до
Гиль. Зубов
    Оба. Вооружённого, и хода быстротой
Превосходящего нас так же.
    Р.   Подпустив,

 Гиль. Пошли на абордаж.
  Р. И не успели
Мы
 Гиль. С подопечным нашим во главе,
 Р. Вскарабкаться на палубу пирата,
 Гиль. Как тот отчалил да и был таков,
С добычей —
  Р. Вашего величества посольством!
 Гиль. Хозяева с гостями обошлись
Весьма по-божески.
  Р. Но, так сказать, понятно —
Не за красивые глаза...
 Гиль. Им, государь,
Жизнь их разбойничья осточертела,
И
 Р. Уповая на маневр: оставив
В заложниках наследника престола,
 Гиль. А нас отправив с ультиматумом к отцу,
 Оба. Они комиссии испрашивают, государь,
У вас во флоте
   (отдают письмо)

 К. Что ж, посмотрим,
На что они годятся. По всему —
Толковые ребята. Письмецо
Отдайте лорду-канцлеру. скажите
Пусть подготовит отношение, — мол, дескать,
«Добро» и всё такое прочее. И принца,
Мол — во дворец, не медля ни секунды,
Ни полсекунды!
   (Уходят Р. и Г.)

 Л. Провидение само,
Расчувствовавшись, мне пошло навстречу.
Я, кажется, дождаться не могу,
Когда, столкнувшись с психом с глазу на глаз,
 К. Недаром говорится, на ловца...
Опять же, как это: ум хорошо,.. короче,
Ты обещаешь глупостей не делать
И предоставить лидеру подумать
О наилучшем варианте гонок, —
Из интересов общих исходя?
 Л. Идёт, но лишь в той степени, в которой
План гарантирует желаемый итог.

К. Вот именно. И чтобы без огласки.
Не только чтобы ни комар, — мамаша
Не подточила носа. Слушай, —
Пока отсутствовал ты, тут болтался
Нормандец из Нормандии. Довольно
Я на своём веку перевидал французов, —
Но этот, но такого: к лошадёнке
Несчастной присосавшись и с седлом
Как будто слившись, выдавал такое!
    Л. Нормандец, говорите?
    К.   Если память
    Л. Не иначе, Ламонт.
    К.   Он самый.
    Л.   Всё понятно:
Дружок мой закадычный.
    К.   О тебе
Он отзывался как о джентельмене,
Всё время нажимая на клинок.
Де отыщись соперник для тебя
Достойный поединок оказался
Бы зрелищем незабываемым.
    Л.   Уж будто!
    К. Он Гамлета до чёртиков довёл
Восторгами своими, — до того,
Что тот, покой утратив, ни о чём
Ином не помышлял, как о твоём
Скорейшем возвращении, дабы
...План проще репы пареной: шу шу шу
Касательно твоих бойцовских шу
В присутствии сыночка, шу шу шу шу
Его на петушиный лад, шу шу
В единоборстве на рапирах вас. Шу шу шу
Настолько невнимателен, наивен
Настолько и беспечен до того,
Что простаку и в голову не вступит
Мысль о шу шу шу. Изловчившись —
Как это, ловкость рук и —
Ну, словом (а не то шу шу),
Отточенной рапирой завладев:
Удар! и за отца ты рассчи шу шу.
Поди сыщи виновного потом —
Несчастный случай да и шу шу, «на работе»...
    Л. Шу шу шу производственная.
    К.   Вроде.

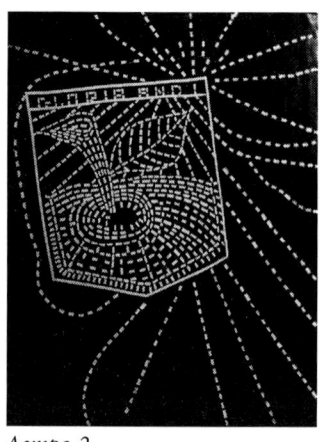

Астро-2

Эльсинор. Кладбище.
Входят Гамлет и Горацио.

Гор. Всё хорошо, что хорошо кончается,
                                    милорд.

Г.   Куда уж лучше, этот Лондон мне —
Что рыбе зонтик.
Гор. С вас причитается.
Г. А это уж как водится: видал? —
Гор. Ямайский?
Г.   300°.
Гор.   Ахти мне!
Г. Пиратов дар. На память, так
                            сказать.

Гор. С приездом! Ух! Вот это да! Нокаут!
(Из ямы неподалёку — фонтан земли)
Могильщик: *(из фонтана)*
Нам песня строить и жить помога-ет...
Г. *(подхватывая череп)*
Она, как друг, и зовёт, и ве-дёт...
Мог.
И тот, кто с песней по жизни шага-ет...
Г. *(увёртываясь от черепа из ямы)* Скажи, добрый человек, чья это могила?
Мог.
        Тот никогда и нигде не пропа-дёт!
Ничья, сударь.
Г. Нет, серьёзно.
Мог. Потому что это вовсе и не могила.
Г. А что?
Мог. Это, сударь, дом для одного престарелого.
Г. Бездельник за словом в карман не лезет. — И давно ты работаешь могильщиком?
Мог. Изо всех дней в году с того самого, когда покойный батюшка ваш пал смертью храбрых в схватке с пивной бочкой.
Г. Болтай!
Мог.   Вот чтоб мне! Тогда ещё из печати вышел «Принц Датский», который вот уже триста с лишним лет водит за нос весь мир, прикидываясь гениальным творением.
Г. Понимал бы чего! Ты лучше скажи, для кого же ты всё таки роешь, пардон,

строишь эту... дом?

Мог. Для «Гамлета», сударь.

Г. Разве он уже устарел?

Мог. Да, сударь. У легенды появился новый наследник.

Г. У какой легенды?

Мог. Да у всё той же, сударь, — о Гамлете, дай ей Бог вечного здоровья.

Г. (в сторону) Кажется, догадались... Вот черти! — Так с приплодом, говоришь, легенда?

Мог. Так точно, сударь, с «Лаэртидом», —Телемахом.

Г. Ничего не понимаю.

Мог. А тут и понимать нечего. Вы что-нибудь о перевертнях слышали?

Г. Кто же о них не слыхал. Но только их нельзя принимать всерьёз. Это же шутки: «Атом робот обормота!»[5]

Мог. во всякой шутке есть доля правды, сударь. Вот мы, бывало, с кумом — царство ему небесное — выйдем ввечеру за ворота да затянем дуэтом: «Ад, мука искать такси. А, кум?» — «Да!»

Г. Нет, ты только послушай этого Эзопа, а, Горацио! Ну, хорошо. А Гамлет-то тут при чём?

Мог. А всё при том, сударь. Если вы прочтёте его имя наоборот...

Гор. Т-Е-Л-Е-М-А-Х!

Г. Увы, мой друг единственный, и ах.
Ни звука до поры до времени об этом,
Покамест не окрепну в новой роли —
В компании судеб наоборот:
Отца — фатальной; матери — изменной;
И жениха, добившегося всё ж
Руки — в изданье новом — Пенелопы!

Гор. Но на глазах у Бога, ваша честь?
Не в соответствии же с глупой поговоркой
О слабости Всевышнего ко сну
На радость разгулявшемуся чёрту?

Г. Друг, попустительством прохлопавших небес;
Не рассмотревших в суматохе смены
Устоев, смен зарядок и разрядок
Реакционной сущности Морфея,
Лазутчика языческого в маске
Приверженца нововведения, и Бога

---

[5] «Атом робот обормота!», «Ад, мука искать такси. А, кум? — Да!» — палиндромы Г. Х.

Однажды усыпившего.
    Гор.   Всё ясно, —
Во тьме тысячелетий промелькнувших
Нечистому дав передышку и позволив
Плоды духовной
               еволюции
                         отравой
Неверенья в победу
                    подменить!..
    Мог.
           Как много девушек хоро-ших...
    Г. И всё таки, Горацио, — как ни сурово обошёл-
ся со мной христианский мир, мне жаль с ним расста-
ваться: худо-бедно, а меня приютившим. Что бы я де-
лал тут без тебя, моего Пятницы, и не заню... Спа-
сибо тебе!
    Гор. Милорд!.. *(всхлипывает)*
    Г.   Ну, ну, Горацио, — а то и я...
Расстанемся мужчинами, мой друг.
                        (Обнимаются)
Но тс!.. Давай-ка спрячемся. Король!
С мамашей и придворными —
    Гор. (к мог.)   Послушай,
Как звать тебя?
    Мог.
           Как много ласковых имён —
А как всех людей нашей профессии, сударь, —
                        Эпилогом.
    (Горацио отходит в сторону, вслед за Гамлетом)

        Входят священнослужители, во главе похорон-
        ной процессии. Король, королева и придворные.
    Г. *(в сторону)*   Ах, да...
Офелия, бедняжка! Утонула
Чуть было не. В последний, верно, раз. —
Горацио, как всё ж чуть не случилося несчастье?
    Гор. Как ни присматривал за ней поэт,
Так и не усмотрел, занявшись нами.
Я к королю был вызван, — получив
Приказ вас разыскать и во дворец доставить.
Король был не один. Они с Лаэртом —
    Г. Лаэрт вернулся!..
    Гор.   Перешёптывались. Yes, Sir.
Вдруг входит королева. Вся в слезах;

Офелия, мол, утонула.
  Г.   Быть не может!
  Гор. Гербарий из ромашки и крапивы,
Из лютиков и орхидей нескромных, —
Похожих на: у пастухов — «мочалку»,
У девушек — на пальцы опочивших, —
Собрав, им попытались изукрасить
Плакучую: развесив на ветвях.
Как вдруг из веток та, что послабее,
Её на парашютах одеяний — крык! и
В стремнину...
  Г.   О, довольно!
В воображении безумолку всплывают
Офелий поплавки — вприпрыжку
Вниз по течению...
  Гор. По счастию — недолго:
Сонм служек и монашек — вповалку
В тени послеобеденной — очнувшись
И бросившись вдогон за полонянкой,
Отбил её у вод, готовых было —
Пресытившись игрушкой, пасть разинув...
  Г. Офелия! О, нимфа!.. А Лаэрт?
  Гор. Похоже тоже тронулся, смотрите!
  Л-т. Да провалиться б вам с Шекспиром
              вашим! —
Сестрицы погубителям напрасным,
Шекспира «ведам»; на потребу дури
           всемирной.
Исправлению не дам
Мгновения на размышление, и душу —
Понадобится — выложив, заставлю
Отредактировать вас эту чушь! Заткнитесь
Вы с несуразностью своей — пока
С сестрёнкой дорогой не распрощаюсь!

    (Прыгает в могилу)

Теперь валите и заваливайте, ну же! —
Олимп превысив во сто тысяч раз!
  Г. *(выступая вперёд)* Кто там в малиновом берете
Одном из-под земли торчит
Звезде подобно на рассвете?
И верещит, и верещит.
Иду на Вы. «Принц датский — Гамлет»!..

                              (Прыгает в могилу)
Л. О, будь ты проклят! *(Схватывается с ним)*
         Г.   ...Может быть, ударишь?
Эй, нас не трогай, мы... Ты грабли брось-ка!
Не то... Предупреждение один.
         К. Разнять!
         К-ва.   Сыночек! Гамлет!
         Все.   Джентельмены!
         Гор.   Милорд, предупредите пару раз —
И вылезайте. Так сказать, довольно.
                    *(Придворные разнимают их, и
                    они вылезают из могилы)*
         Г.   Да я семь шкур с него спущу!
         К-ва. За что, сынок?
         Г. Как я любил её!.. Все сорок бочек
С двадцатью тысячами по два братьев —
Разбойников, со всею их любовью
Моей в подмётки не годятся! Спорим?
         К. *(в сторону)* Да он и вправду помешался!
         Г.   Мяу, мяу!
Подумаете, удивил: залез в могилу.
Да ты и оглянуться не успел, как я был там же.
         Г. Ну, хватит кукситься. Дай пять. Не хочешь?
Не уважаешь, значит, тя сязять.
Счастливо — ик! — «Шумел...» вам оставаться...
«А ночка тё-мная была».   *(Уходит).*
         К-ва. О, Господи!
         К.   Понаблюдать бы за младенцем.
Горацио, пожалуйста, не в службу —
                         (Уходит Горацио).
Лаэрт, не унывай. О разговоре
Не забывай. За Гамлетом, Гертруда,
Пожалуйста... Уловку
В момент обтяпаем. Могилку
Заботой окружив, подыщем пару
Как можно поскорее. С пылу, с жару.

              Зала в замке.
           Входят Гамлет и Горацио.

Г. Горацио, чего я намолол
С Лаэртом, позабывшись!.. Жаль беднягу.
Нехорошо-то как; ведь мы же с ним друзья
Какие! Братья, да и только — по несчастью.

Нет, надо будет как-то извиниться, что ли.
Но в самом-то, уж чересчур красивым
Мне показалось выступление его.

Комната в замке. Король и Озрик.

К.   ...Гамлет —
Рассеянный и невнимательный — навряд ли
Заметит он подмену, понимаешь?
Переломиться может шпага, например.
И вместо тренировочной, в азарте
Спортивного ажиотажа, ты подсунешь
(Не мешкая, конечно) принцу шпагу
С отточенным как надлежит клинком.
Оз. Для начинающих задачка, государь.
   К. С отметкой за невыполнение на — шее.
Это не всё ещё, — клинок намажешь
«Бальзамом» предварительно (тем самым...),
Царапины воеже[6] было нужно
Для завершения комедии. Вали'! *(Озрик уходит).*

*Большая зала в замке. Гамлет и Горацио
прохаживаются по зале. Входит король,
королева и прочие.*

К. Так, Гамлет, — дай твою мне руку.
И ты, Лаэрт. Вот так.
                    Теперь, друзья,
Рукопожатием ознаменуйте встречу.
   Г. Охотно. Сударь, мне бы не хотелось
Откладывать на завтра, так сказать,
Доступное сегодняшнему — в деле,
Подсказанном и совестью, и честью.
А именно, во избежание ошибок
В трактовке слов моих недавних — и поступков,
Предшествовавших им — позвольте, сударь,
Заверить вас в отсутствии мотивов,
Отличных от непреднамеренных; поскольку,
Как это — если Бог
Захочет наказать, Он разум, —
У (непонятно, по каким причинам —
Не совладавших с интеллектом), — отнимает.
Воспользовавшись паузой в припадках,

---

[6] воеже — (нареч. церк.) для, дабы, чтобы, с тем чтобы (Даль)

Позвольте отрешиться мне
От злого умысла в содеянном во время
Эпилептической реакции на му́ку.
   Л. Мне дружбы истинной всегда язык понятен.
Я удовлетворён в души глубинах.
   Г. Я с лёгким сердцем принимаю вызов.
   К. Подай рапиры, Озрик. Гамлет,
Условия приемлемые?
   Г.   Да, милорд.
Но разрешите вас предупредить,
Что вы мне льстите, на слабейшего поставив.
   К. Я не боюсь. Я видел вас обоих.
Лаэрт всегда Лаэрт, — на то и фора.
Готовы?
   Г. и Л. Yes, Sir.
   К.   Бочку на кон!
Откроет Гамлет первым счёт ударам —
Король поднимет кубок за него.
Труба подхватит, канониры вступят,
И пушки, грянув в небо, перескажут
О нашем торжестве земле. Сходитесь!

   Г. Начнём?
   Л.   Пожалуй.   *(Бьются.)*
   Г.   Есть!
   Л.   Ничуть.
   К.   Арбитры!
Оз. Очко. Засчитан.
   Л.   Поздравляю, принц.
Продолжим?
   К.   Подождите, детки, —
Давайте выпьем.
           (Трубы, залпы за сценой)
           Дайте им вина.
   Л. Продолжим?
   Г.   С удовольствием. Ура!..
   Л. Очко, очко. Я признаю.
   К.   Гертруда,
Пожалуй, выиграем?
   К-ва.   Сомневаюсь, право.
С таким дыханием...
   К.   Слегка не в форме.
   К-ва.   Гамлет,
Возьми платок, — пот градом. Вытри лоб.

Я пригублю за твой успех. И выйду —
Мне что-то нездоровится.

    Г.   ...Продолжим?
    Л. Охотно.
    (Бьются. У Гамлета ломается клинок, и Озрик подбрасывает ему другой. Гамлет ловит и ранит Лаэрта в руку)

    Л. *(в сторону)* О!.. Ну, коронованный двурушник!

    (Выбывает шпагу у Гамлета и, завладев ею, оставляет тому свою. Схватка продолжается)

    Г. О, я убит?!..
    К.   Врача мне!
    Гор.   Государь,
И Гамлет и Лаэрт в крови!..
    К.   На помощь!
    (Падает, хватаясь за сердце)
    Оз. Лаэрт, вы арестованы.
    Г.   Как странно,..
Горацио, мне кажется, если б
Подобное я пережил уже однажды... *(Опускается
    на пол)*

    Гор. О, мученик! Многострадальный принц, —
    «однажды»!..
Не счесть — в который; не видать конца,
Нет выхода — в который; нет лекарства,
Которое могло бы вас спасти!
До занавеса — жизни в вас: в который!
Из-за отравленной — в который раз! — рапиры,
Подброшенной — взамен игрушечной — ребёнку.
Король Лаэрту не простил измены.
    Л. *(падает)* А за коварство Бог ему
    Г.   Чего?
Коварство Бог ему чего, приятель?
    Л. Велением которого ты должен —
О, благородный Гамлет! — мне простить
Свою погибель. Я ведь умираю —
Освободив тебя от обвине... в убийстве
Меня и моего...
    Г.   О чём он?

Гор.   Бред, наверно.
   Г. Бог да простит тебя. Я за тобой.
Горацио, простимся — расстаёмся.
   Гор. Не тут-то было! *(В сторону)* Вновь в
                              который раз! —
Хорошим другом был бы я, покинув
Вас одного в компании «курносой».
Я харакири —
       Г.   Слышь, Герасим,
Оставь, слышь, ножик! Другом иль
                       хорошим —
Убежище, брат, предоставь мне, в сердце
Своём
         ты
               лучше
Под занавес,
         до
Занавеса
         нового. Thank you!

               THE END.

Москва, 1972—Нью-Йорк, 1985 г.

Астро-3

КОММЕНТАРИИ АВТОРА

Шекспир, «Гамлет» (English), с которого я сделал перевод, был 120 стр. Перевод стал 100 стр. Лаэртид стал 50 стр., 1972, Москва, сократился до 32 стр., 1985, Нью-Йорк.[5]

Начал переводить в начале 1972, Лаэртид родился в ноябре 1972.

Напечатан полный текст (50 стр.) в журнале «Гнозис» (русско-англ.) в Нью-Йорке в 1979 г. (№5-6) Аркадием Ровнером (он если не на пенсии, что-то там инструктирует в Москов. университете).

Чтобы понять конец истории, надо хоть что-то знать о Гамлете и действующих лицах, ибо здесь каждая строка напряжена как тетива лука, без лишней болтовни вокруг неё.

Лаэрт «поднял восстание», узнав, что во дворце кем-то убит его отец, Полоний (Гамлетом, сквозь портьеру). Во главе банды он врывается к королю, король хитро отводит удар на Гамлета, прикидываясь жертвой ненавистного и сумасшедшего племянника. Они с Л-том «шушукаются» как избавиться от Гамлета. Дескать, затеем вам с ним турнир-поединок (стр. 161). Это еще одна из дерьмовых нелепостей в шекспировском тексте: вместо тренировочной рапиры у Лаэрта в руке окажется боевая и он ею отомстит, убив Гамлета! Я счастливо не «расслышал» (Муза надоумила), как об этом договорились король с Лаэртом, т.к. они «шушукались» об этом!

Потом: король так же инструктирует слугу Озрика: у Гамлета должен сломаться в «бою» клинок, Озрик подбрасывает ему боевой, да ещё отравленный — которым Гамлет убьёт Лаэрта (король «наказывает» Лаэрта за бунт) и вопреки шекспировскому бреду всё-таки не желает смерти Гамлету: ведь он и принц, и пасынок, и сын любимой своей королевы, и т. д.! Идёт турнир: читаем мои примечания (стр. 169). В руках у Гамлета оказывается боевой отравленный клинок. Г. ранит (!) им Лаэрта в руку (не ведая, что происходит), после чего Л-т догадывается, что король («коронованный двурушник») его обманул: боевой клинок-то подсунули Гамлету! Он сильный боец (в тексте даёт Г. фору), выбивает у Г. из руки боевую рапиру, отдавая свою, чтобы продолжить «бой» и чтобы этой боевой рапирой затем убить Гамлета!

«Г. О, я убит?!» (тоже обманут судьбой оказался)

«К. Врача мне!» (у него от такого поворота дела сердце не выдержало — старый).

Смешно: на реплику Гамлета «О, я убит!?..» следует реплика короля «Врача мне!» (а не Г-ту и Л-ту, которые оказались оба в луже крови) — ибо у короля «сердце» и он падает от такого поворота дела!

Остальное самоочевидно до самого финала «драмоэмы».

Генрих Худяков, 11.08.06.

---

[5] 32–страничный вариант был издан К. К. Кузьминским (*прим. ред.*)

СТИХОТВОРЕНИЯ ЭМИЛИ ДИКИНСОН (1830-1886)

Переводы с английского и комментарии Генриха Худякова
(отредактированные и доработанные окончательно в ноябре 2006 года).

***

Пичужка — не зная, не замечая
Скок-поскок по Дорожке
Цап-царап Червячка: ну вот
Пригодится мол на окрошку

Затем из Лепестка под боком
Полакомилась Росинкой
Шандарахнувшись от Жука
Перебравшегося через Тропинку

Подцепила лапчатого под бочёк
Перевернула маслинку:
Будешь знать у меня — я пока
Соберу рассыпавшуюся корзинку

Затаился Бедняга
Ни мёртв и ни жив
«Смилуйся Госпожа Подруга
В состояние прежнее меня положи
Да пришёл бы в себя от Испуга!»

Покосилась на меня Глупышка
На Руку с протянутой Крошкой
И взмахнув Крылышками-Ногами
Отправилась к Себе в Сторожку

Беззвучней Вёсел дружных на Воду
Серебряную без Потрав
Беззвучней Бабочек, с Берегов Пополудня
Срывающихся вплавь
1978, 11.12.06.

***

За Красоту с Земли, но только
Устроилась в Кубу
Того за Правду кто почил
Со мной в двойном Гробу

Вопрос чуть слышный «Ты за что?»
В ответ: за Красоту
А я — за Правду, Двое нас
Так, видно, на роду

Сроднившись, проболтали Ночь
Пока за болтовнёй
Под Утро Мох не по Губам
С Табличкой именной
1978, 11.11.06.

***

У Неудачников на Уме
Успех и Успех и Успех
Для насидевшихся впроголодь
Нектара Вкус, не для Всех

И ни один из в Багровом Наряде
Вырвавших Победу Сегодня
Не способен на определение Её
Подвластное Поверженному — сходное

Хотя бы на Йоту — в Ушах
— Умирающему — которого
Отделённое Эхо Триумфа
Разрешается первородово
1978

***

Душа веселится в своём Кругу —
Дверь: на Ключ!
В Залу Избранников Божественных
(Не канючь!..)

Невозмутимая — «Хм, Колесницы,.. кто бы?..»
У Ворот своих
Невозмутимая: да хотя бы сам Чёрт с Рогами
На своих двоих!..

Небезызвестная: изо всего окрест
Взор в Одно! —
И: Створки Раковины сердечной
Заодно
1978

1072

Божественный Титул — мой!
ЖЕНА — чей Знак — скрыт!
Вен-ца Степень — мне — на: Темя.
Королева Калвары!
По Праву — не Тиар —
Без Обморока — возведена.
ЖЕН — Божий Дар, —
Пока вы — над
Златом да — над — Гранатом, —
Купель — Благовест — Саван —
Трех Викторий — на Дню — Слава.
«Мой Муж» — твердят —
Женщины —
Как Припев —
Все-го — успев?!
1978

1035

Пчела-нья! Ради Бога!
Ты спятила, что ль, Мать?
Где тебя... Вот морока! —
Ну, сколько ж можно ждать!

На что Лягушки — право! —
Давно уж по местам!
Пернатых ну, Орава! —
И — Кашка: Сочность — та!
Запропастилась!.. Вот ведь —
Как не сойти с Ума
Мушиного тут!.. От-ве-ть
Хоть на Письмо, Кума!
1978

1624
Вне всякого Сомнения
Счастливому Цветку
Мороз срубает Голову
Как будто на Току

Убийца выскользнул — и — вновь
Восстав, Светило с вышки
Вызванивает новый День
Одобренный Всевышним
1978

***

Поприутихло по Утрам
Орешник закаштанел
Румян Шиповник сям-то, там
На Лысину наставил

Клён!.. Вырядился-то!.. Мечта!
Лужок!.. Скажи на Милость!..
Хм, Я-то чем им не Чета! —
И — тоже: прифрантилась
1978

***

Раз Путник[1]-Ветер — постучал
В начале Февраля
На «Кто?» — не потремав Ключа
В Дверь: До-Ре-Ми Вра-ля

Бесшумно так, как Осьминог
Такому что «ампир»
Что «венский» предложи Стул... Ох
Оставь Кота, Вампир!..

Ни Мяса, ни Костей; а — Речь!..
Снежинок по Кустам
Взволнованных Ногой Картечь
За ворот,.. бр-р!.. Что б вам!..

Подушка вспухшая от Слёз —
Наружность. (ай-яй-яй! —
Ты что это, Подружка-Тёз-
Ка! — медию кончай!..)

---
[1] «Раз Путник» призносится как «распутник» — вовсе не беда!

Подпрыгнул Ветер, Какаду
Как хохотнув, и в Тыл
Коту зайдя: под Хвост Коту!..
Кота и — След простыл
1978, 1980, 1993

***

Жила себе была — как вдруг
«Курносая» с Косой:
Катись (Бессмертью-то!..), Лопух
В Карету Колбасой!..

...Плетёмся (де, куда спешить)
Пришлось всё отложить
(Всего-то: Труд! До Пота Жил —
Не Жизнь, а — thank You: «Жисть»)
...Хм. Школа, — узнаю; ну как
Концлагерь не узнать!..
Подсобка[2], Стадион... ну-ка
В «девятку» его, зять!

Закат. Ну и эта: Роса
(Бр-р,.. ну и холодок!)
И то сказать: Тюль да... ас-са![3]
На мне вместо Порток

Приехали. «Домишко» чуть
С Землёй не вровень уж
Ни крыши, ни Карниза, шут!..
Вокруг же — Грязи, Луж!

С тех пор — эх, Лет-то сколько! Зим!..
(Всё уложилось в Миг!..)
Сколько же с Вечностью мы в Дым
Раз — «в Стельку» — на... двоих!..
1981-1996

---

[2] Подсобка, т. е. «подсобное хозяйство». В годы войны (1941–1945) подмосковные предприятия устраивали такие для выращивания продуктов.

[3] Асса! — поощрительный возглас в кавказском танце.

«Змий»!..
Фф-у, напугалась, дьявол, чуть
Не наступила уж!..
Поди-ка, разбери-ка,.. жуть!
Гадюка или Уж

Вот Змий! на самый было Хвост
Дела!.. Ну надо ж!.. Страх!..
Черт, что на ржавый (*было!*) Гвоздь
«Гвоздь»!.. Что б тебя, брат, Прах!..

Всё по-влажней да по-сырей
Ему бы. Как тогда
С Утра весь День на Пустыре
То в «Салки», то «Лапта»

На Травке в солнечном Кружке
Как если б Кнутик чей
«На одного, чур!..» Ведь в Руке
Уж было был... Злодей!

Со многими из Божьих сих
Запанибрата я
Монетой той же мне на Псих
Мой эта: Братия

Когда ж нос к носу ты вон с Тем
В Компании ль, одна
Мороз по Коже, до Костей!
Как Речку Лёд, до Дна!
1978-1993

От переводчика

Ранее эти переводные стихи были напечатаны большей частью в двух журналах: «Эхо», 1978, №4, Париж, «Гнозис», 1979, №7-8, Нью-Йорк.

Методом «авторизации», так сказать, пришлось воспользоваться так же в стихах «Жила себе была...» и «Раз Путник-Ветер постучал...».

Терпкая, вяжущая мозги форма стихотворений американской поэтессы Эмили Дикинсон, даже в случае наиболее удачных, подчас не содержит в себе развитого сюжета. Засилье книжности в мировоззрении прославленной своим уединённым образом жизни поэтессы нередко сводит на нет ее собственные усилия по осмыслению необыкновенно остро воспринимаемой действительности. Сказанное в полной мере относится к предлагаемому вниманию «неоконченному шедевру» Э. Д. «Раз Путник-Ветер постучал...», в котором переводчику пришлось самому воссоздавать напрочь отсутствующую в оригинале фабулу, сиречь, подвижный сюжет. Экзотическая система отображения Э. Д. своих стихов на бумаге с обилием тире и заглавных букв — перегораживающих, точно ж. д. стрелки, коммуникативное полотно набегающих ритмов, интонаций и смысла — не только не создала никаких трудностей в работе над переводом, но даже явилась сопутствующим фактором, оказавшись сродни собственной манере переводчика (в качестве оригинального творца).

При жизни Э. Д. совсем не была известна — как поэт: практически ничего не напечатала. Интерес к ее творчеству стал расти, как снежный ком, лишь в следующем столетии, хотя не сразу. Неизвестно — переводчику, по крайней мере, — как рано с ее стихами познакомилась Цветаева, но влияние — бесспорно (см. №1072). А «Про эти стихи» Пастернака периода его «расцвета» сразу же приходят на ум в связи с «Налей заката мне в стакан»[4] Эмилии. У Цветаевой прямо-таки близнецовая общность с Э. Д. выходит за рамки сходства темпераментов категоричности и даже визуальных средств в оформлении стихов на бумаге (те же разряды тире бесконечные: то, как хлыста на арене, то как трассирующих пуль). Она — общность — и в немалой дидактичности, проистекающей из смешения вдохновения с сочинительством.

Генрих Худяков. Февраль 1980 г.

Перечень английских первых строчек вышеупомянутых стихов

1. A Bird Came Down a Walk
2. I Died for Beauty, But Was Scarce...
3. Success is Counted Sweetest
4. The Soul Selects Her Own Society
5. Title Divine — is Mine!
6. Bee I'm Expecting You!
7. Apparently With No Surprise
8. The Morns Are Meeker Than They Were
9. The Wind Tapped Like a Tired
10. Because I Couldn't Stop for Death
11. A Narrow Fellow in the Grass

---

[4] №128. «Bring me the sunset in a cup». Перевод заглавной строки мой (Г. Х.). Стихотворения и нумерация взяты из сборника «The Complete Poems of Emily Dickinson». Little, Brown & Company. Под редакцией Томаса Джонсона

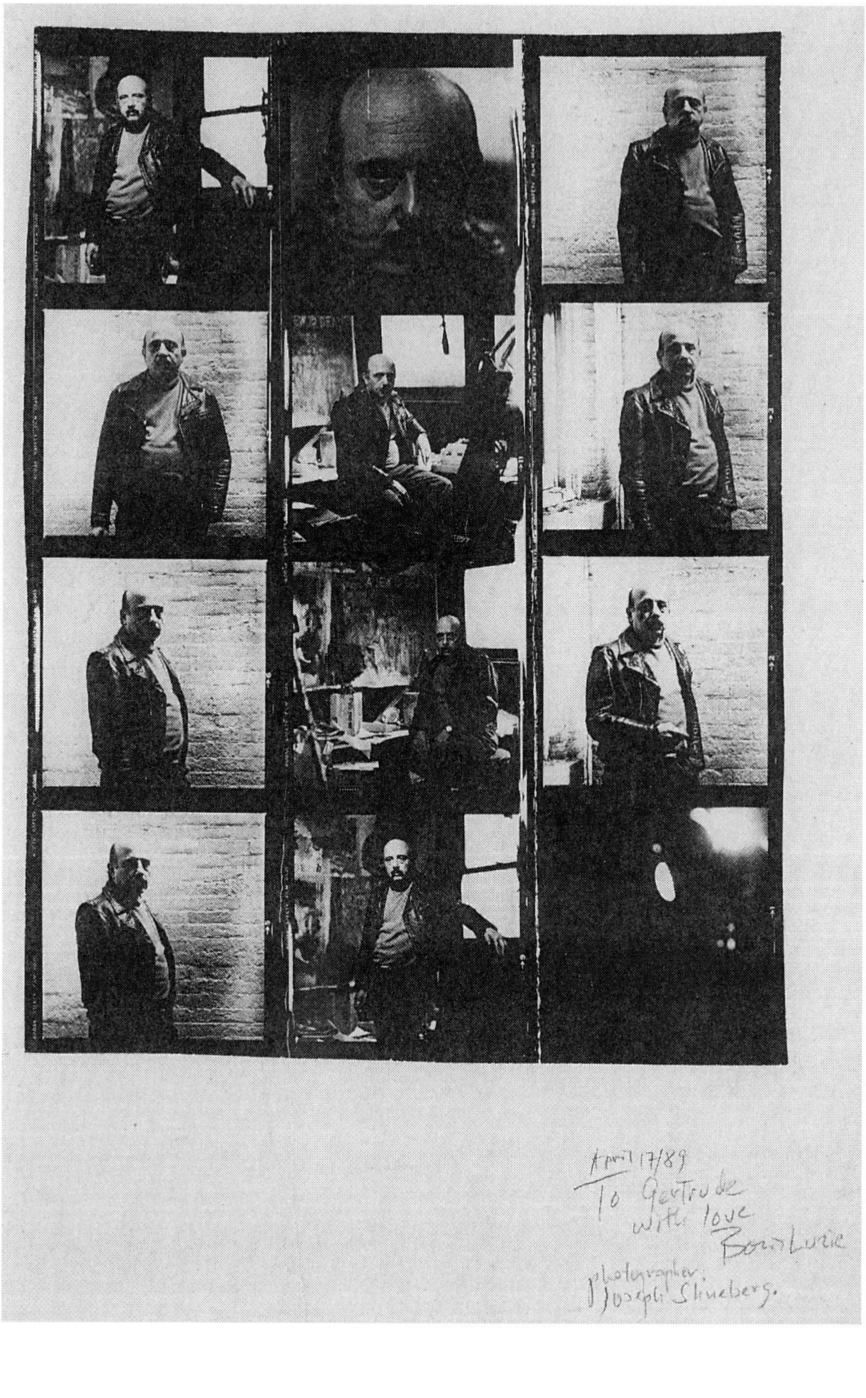

БОРИС ЛУРЬЕ (1930-2008) И NO!ART[1]

---

[1] В разделе публикуются материалы из архива Boris Lurie Art Foundation (Нью-Йорк), сетевого проекта http://no-art.info и книги Boris Lurie & Seymor Krim, *"No!Art: Pin-ups, Excrement, Protest, Jew-Art"*, Edition Hundertmark, Берлин/Кёльн, 1988.

КОНСТАНТИН КУЗЬМИНСКИЙ (НЬЮ-ЙОРК)

ИЗ ЭССЕ "БОРИС ЛУРЬЕ И NO!ART"

1.
Продолжение-приложение тех же времён (времён "писма на деревню", из онаго):
ПИТЕРСКИЕ "БАРАЧНИКИ" НЬЮ-ЙОРКА;
ЭССЕ О КУСУМЕ БОРЕ ЛУРЬЕ НОУ-АРТЕ В СТИЛЕ
ПИСЬМА НА ДЕРЕВНЮ ДЕВУШКЕ
(в двух циклотемических частях в черновиках)

с посвящением г. и г.

I.
4 или 5 марта 98

... ну конечно, кусама... только в 1963 году она делала гениальные НЕтоварные инсталляции хуевидной картошки, алюминиевого чайника и рваных туфель "one thousand boat show", стр. 148-151 "ноу-арта", а сейчас продалась буржуазии и лепит домашнее вязание, старая сука... и участвововала в их выставках с 60 по 63, самых шумных, самых крутых...

... и сил нет писать боре (а и сюда мне его новый каталог дошёл, но — не ах... увы...тиражно как-то товарно)
и заказывать новое издание "ноу-арта" (с цветными!) надо где-то в германии за марки — 44, что ли
тошно и скушно мне от всего этого...
старая блядь о'кифф во вводке почтительно поминается (ахматова, блядь, от америки), а на фото-то кусама голенькая лежит — 1962 — явно у гертруды стайн и ноу-артовцев
в 58-м в 27 приехала в нью-йорк
в 72-м вернулась в японию, с 77-го в токио в дурдоме
2 страницы какой-то *сусуки* александры мунро о ней — и ни слова о целой группе художников с кеми она начинала в галлерее гертруды стайн
no art! — shit-art, kike art — резвились по страшному боря и мой любимый иссер арановичи (звоню боре, в 94-м, прочитав: хочу с арановичи! пообщаться! — опоздал, говорит, 3 недели назад умер...), и сэм гудмэн убойный, а мне и с борей лурье горько и больно общаться: целая дюжина гениев, затоптанная и замолченная товарняком, или — в товарняк же и сошедшая...
равноценная, равнозначимая "барачникам" питера, "лианозовцам" москвы, но —

шире, мощней, интернациональней: запад же ж!
и нигде никогда о них ни слова. кто-то хотел меня к гертруде отвести (племяннице той, писательницы, галлерейщице, матери ноу-артовцев) — как-то не сложилось...
по-русски я мог бы о них написать и должен и обязан, но...
на куда на кому на зачем
ноу-артовцы и ничевоки, с перекличкой в полвека — даже 40 каких-то лет
вот и пишу для себя чтоб помнить чтоб не забывать
больно писать озверение наступает бессмысленно
нет ноу-арта не будет ничевоков разве какой академик вонючей мертвящей лапкой копнёт кусинькать сделает
или товарнячок сладко-красочный подсунет сдобрив о-киффицей — в гранд улице — так посередь прочего товарнячка и дешёвеньких самодея-телей — фланагана а ля жопник аfричка, стейнбаха кабаковствующего а рядом матёрые ньютон мэн рей бартлетт и в пролежень софтпорно ауры розенберговой
но и 2 суровых жёлтых кусамины вычетом вышивок на продажу/

писать надо серьёзно осатанело переводя тексты арановичи нет на это ни сил ни желанья ни времени
писать об издебском не сдавшемся — где материалы

... намахал тут зачем-то страниц под 30 или за — "приложэния", не шлю
шлю малой скоростью апельсины бочками (4 карго)
писмо шлю буйной скоростью написать боре сил нет а надо
книгу всё равно заказывать не у него
сколько будет 44 германских (кайзеровских) марки? немедля возмещу

моя недопизда милочка кудинова, лимитчица-минетчица из ново-шахтинска, щёлкнула с пару назад какую-то мадаму по описанию являющуюся г.с.
но на фото в ноу-арт 1963 девушке было уже под 30 или за
перестаю понимать что-либо
либо гертруд развелось что нерезанных либо

шлю просто чохом всё относящееся
с борей лурье не возбраняется и связаться но лучше погодить
но лучше поспешить а то как я с арановичи
ничего подобного ноу-арту я в америке не встречал
вычетом битников и чёрного блюз дженерэйшн
энди ворхолл прибегал к ним на выставки делал ах и мчался рисовать свои аккуратные баночки для салонов

а полуживой скульптор юра капралов попавший в 46-м пацаном в
ист-вилледж в чьей галлерее демонстрировали свои tattoo на пизде и на
жопе все поголовно ангелы ада
его сменил хитрожопый и вялый клейтон паттерсон спекулянт кишка тонка
мэр томпкинс сквера или томпсон сквера с дешёвой галлерейкой на
хаустоне не знаю функционирует ли ещё моё любимое подвальное теа-
тральное агенство pig's fart столь сладкозвучно названное
в районе того же сквера и хабитата великого в.я.ситникова

русские в америке
но не те старопердящие вонючки из пуришкевичей и родзянок голицы-
ных галицыных (моргуновых и вицыных) и иже
а — бурлюк издебский лурье капралов ситников (фешин сорин судей-
кин иосиф левин роберт ван розен ...)
большинством я не успел и заняться занимаясь не тем

страшно но нужно смотреть в перспективу гранд стрита

*остальные 30 и боле страниц подождут до удобного случая
прощаюсь меланхолируя*
ККК

II.
вчера с тоской писал о боре лурье и яёи кусама
в начале 60-х в галлерейке племяннницы гертруды стайн тоже гертруды года 4 выставлялась хулиганская группа "ноу-арт"
они делали анти-искусство, барачные хулиганские помазушки и
ассамбляжи
"натюрморт с гранатами" — мельхиоровая базарная ваза а в ней три
натуральных лимонки

боря лурье сэм гудвин исси арановичи яёи
кусама — запомнившиеся
энди ворхолл забегал в галлерею делал ах и
мчался рисовать свои баночки супа
аккуратные и коммерческие
ребята нашумели на совесть
не оставив следа в американском офици-
альном искусстве
единственный ч/б каталог-монография
вышел вовсе в германии в 80-х у меня рас-
сыпающаяся на листочки копия
арановичи умер в 94-м за пару недель до
моего звонка — хотел с ним поговорить
охуев с его прозы

*Яёи Кусама в своей студии.
Нью-Йорк, 1962 г.*

Иссер Арановичи. Групповуха. 1969 г.

Иссер Арановичи. Золото. 1961 г.

боря лурье по счастью жив и домовладелец
Кусама лежавшая голенькая раскрашенная
в пятна в груде картошки в 62-м сейчас супер-классик японии
в 70-х вернулась домой сошла с ума и не вылезает из дурки, только на
выставки делает страшные вещи — в жёлтой комнате
в чёрных пятнах увеличенной зеркалами сидит сиротливо в жёлтом в
чёрных пятнах облачении-балахоне
а когда-то сорвала бьеннале в венеции выставив перед входом тысячу
зеркальных шариков и продавая их по 2 доллара штука
30-го года рождения девушка
приехала в 27 лет в 58-м в америку наскандалила с ноу-артовцами на
четырёх сезонах в галлерее гертруды 1960-64
выставляла лодку битком набитую хуевидной картошкой алюминие-
вым чайником и парой стоптанных туфель в 63-м
потом делала вязаные плюшевые мебеля-ассамбляжи цветные
отвратительно-бабские рвотные
подозреваю не её ли идея уставить японию многой тысячью зонтиков
против атомного гриба
была безумно красива возможно остались фильмы
ещё там был сеймур крим
больше и круче всех хулиганил боря
питерский-ленинградский еврей из прибалтики с лагерным номером
исконный послевоенный житель нищей и наркоманской "восточной
деревни" ист-вилледжа выставлял фоты поездов с голыми трупами из
освенцима на которых трупах изящно сидели вырезанные из журналов
pin-up красотки со стенок армейских бараков делали серию картинок и
ассамбляжей shit-art из натурального и отлитого в бронзе говна
делал kike-art что по русски жид-арт издеваясь над одноверцами
отснял за 20 лет до меня вид на манхэттен в тумане а весь передний
план занимали роскошные плиты и стеллы еврейского кладбища
я в этот кадр целился каждый раз проезжая по BQE бруклин-
квинскому скоростному шоссе
там же чуть ли и где-то рядом похоронен довлатов на могилу не ездил
в 91-м снимал ювелирку на еврейском кладбище в боро-парке
нашёл рубины алмазы топазы серебро золото выбитые именами на пли-
тах не нашёл изумрудов
боря лурье сделал это за четверть века до меня и пархоменки
боря имел право на надругательство выставляя рядом свой лагерный
номер на мешковине
гудвин изобразил на доске портрет негритянки а вместо грудей
надувные гондоны
и курчавые волосы сверху (и снизу?)
арановичи писал охуенную прозу

гертруда участвуя сама валялась на
кожаном диване но в полной одежде
боря же лурье отснят был голым у
шкафчика в раздевалке
работы делались из говна из
обломков из старых вывесок по ним
шли матерные графитти корявым
мазком (пальцем?)
от работ их тошнило никак не можно
было повесить в гостиной и даже
музее

Сэм Гудман. Три гранаты. 1961 г.

такое было искусство ноу-арт шит-
арт кайк-арт начала 60-х
выиграл энди ворхолл и его поп-артисты
от их работ не тошнило поэтому они висят в буржуазных гостиных и
трупных музеях
ноу-арт добился статуса ничевоков
ничего не осталось кроме фот черно-белых и парочки монографий
но по-немецки
боря несколько месяцев прислал каталог своей персоналки на старый
адрес но дошёл и в деревню
работы крутые серийные яркие и по каждой каракулем NO (*)
ноу-арт вариантом дада
нет коммерции да свободе художника
нет-нет да-да хулигана юры галецкого
середины 60-х его чёрная книга параллельно
и в масть ноу-арту
обложка "между дьяволом и богом" беглого штурмана
натур-философа пархоменки 90-х
с тем же фото еврейского кладбища с фоном манхэттена что и
в немецком издании ноу-арта
идеи неистребимы идеи носятся
в воздухе
и в воздухе же исчезают
как исчез ноу-арт
оставив заменой аккуратную трупность музеев*
/5? марта 1998/

* и баночки, баночки, эндины ли или манцони, с говном или без, хорошо
упакованные, запаянные, застеклённые, без запаха, но с содержимым...

Яёи Кусама. Одна тысяча лодок. 1963 г.

Стэнли Фишер. 1964.

Стэнли Фишер. Ку-клукс-клан. 1962 г.

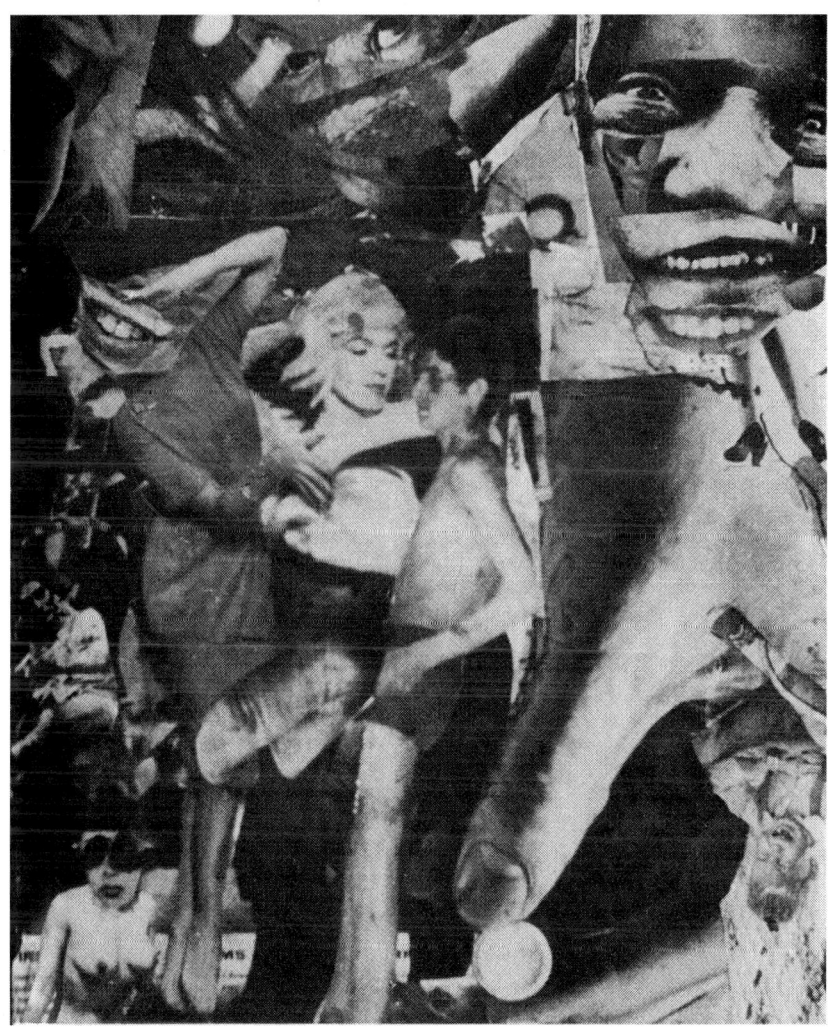

Стэнли Фишер. Таблетка. 1963 г.

Сэм Гудман. Мужской фетиш. 1961 г.

Сэм Гудман. Женский фетиш. 1961 г.

bibliography:
boris lurie & seymour krim "NO! ART" (pin-ups / excrement / protest / jew-art) edition
hundertmark berlin / koln 1988, 135+109 pp., 284 b&w ill.
grand street #53 fetishes, summer 1995, yayoi kusuma pp. 31-42, color

note / p.s. в перевод? в архив? в мусорник?

(*) не NO a BLEED, пардон!
SAM GOODMAN, BORIS LURIE "Shit Sculpture", 1964.

послеслАвие:
boris lurie, "bleed", 1969
october-november, 1997
janos cat gallery
1100 madison avenue

boris lurie
1924 born in leningrad
1926 family moved to riga, latvia
1941-45 imprisoned in riga-ghetto
and a succession of german concentration camps
(riga, lenta, salaspis, stuthoff, buchenwald-magdeburg)
1945 liberated
1946 arrived in new york
1954-55 lived and worked in paris
1958 member of the cooperative street march gallery
co-founder of what was later to become march group
(NO!artists)
lives in new york
"Boris Lurie art is not pretty. ....
....
.....................Well, here it is: Bleed!"
Sarah Schmerler, Ibid., pp. 6-8
"... Some Questions as Appendix: Will NO!art be coopted by art history? 2. Does it seek cooptions? ... 5. If not, is the omission a falsification of art history? 6. What about other artists who have exhisted but have been omitted from art history? (2)"
Harold Rosenberg, Bull by the Horns, 1973.
(2) Some of these questions have been answered since. Example: present exhibition, Yayoi Kusuma at the Robert Miller Gallery and at the Venice Biennale, Shit at Baron/Boisante Gallery...
— плавает. и не только там, повсюду!...
/6 марта 1998/

БОРИС ЛУРЬЕ - КОНСТАНТИНУ КУЗЬМИНСКОМУ.
27.02.2000
* Примечания /по письмам Бори Лурье/:
...говно в бронзе не отливали, за дороговизной, а в гипсе; Иссер Арановичи лёг под поезд метро, году в 95-м; работы и рукописи хранятся у друга, друга зачем-то нашёл переводчик этой статьи; Гертруда Стайн — не племянница, а просто — и тёзка, и однофамилица; Кусумочка, при всех достоинствах, была редкостной стервочкой, пользуя по-чёрному всех мужиков-сотворников (подтверждение: упоминание о'киффицы и умолчание о всех друзьях в grand street'e, 1997)

КИНЕТИСТКА (И НУДИСТКА) ЯЁИ КУСАМА
(приложение-документ)

... В 1968 году, 11 августа в Централ парке, раскрасив двух-трёх голожопиков и голожопцев (с хуями) в цветные круглые пятнышки, и одну с сиськами на заднем плане, невнятного полу (сама Кусама при том была в юбочке-кофте и более чем одета), был учинён перформанс "Алиса в стране чудес". Участники не упомянуты.
"Как многие в Европе и в США, Кусама включала кинетические элементы в свои работы, создавая структуры с зеркалами, светом и встроенной музыкой, чтобы среда одновременно влияла на все органы чувств".
Наиболее известен "Сад нарциссов" на венецианском бьеннале 1966, состоявший из 1500 пластиковых зеркальных шаров, раскиданных на 22-хфутовой лужайке перед итальянским павильоном в центре экспозиции, которые в первый день, одетая в традиционное кимоно, она пыталась продавать по 2 доллара (1200 лир) штука. Её, естественно, выгнали, но она успела дать уйму интервью "о доступности искусства — как в супермаркете". И тем "похитила шоу" на всём бьеннале.
Инсталляция "Одна тысяча лодок", 1963, в галерее Гертруды Стайн — единственное упоминание в тексте и на малом фото (из той же серии, в полный разворот — галерея не упомянута).
Ни словом — и группа "Ноу! Арт", в составе которой она там и выставлялась, не один раз.
(По: Линн Зелевански, Лаура Хоптман, Акира Татехата, Александра Мунро, "Любовь навсегда: Яёи Кусама, 1958-1968," плакат-лифлетка-"брошюра" к выставке в Модерн Артс, 1998)

... и зря я посвящал ей некоторые строчки в своих "Лордвилльских эклогах":
"... *as to the beauty of kusama — it is imaginary, so much i was impressed by her body lying naked and painted spotted in 1962 in Grand Street magazine, that it inspired me, apart of prose, to some poetry in Russian (so i insert it for you, it is written to the young Odessa/NewJersey girl-poet, Inessa Ososkova, alias Инна чай Матэ, whom i did not succeed to seduce couple of years ago, still horny)*"[1]:
....

VII.
ты несомненно не кусама
что ноу-артом быв кусаема
в картошке разложив сосцы
предвосхитив собой соц-арт

и трупом энди на неё
взирал (но брал её лурье)
тому прошло уже треть века
в её сосцах иссякло млеко

и в жёлтой комнате воссев
вся в чёрных пятнах в зеркалах
она во всей своей красе
сидит шизея окосев

и я в той комнате напротив
сижу блистая наготою
двоясь с кусамою оп-артом
и пахну потом никотином

пиша зачем-то что-то деве
которой всё это до фени
изобразив собою dildo
в грудей увязнув парафине

меня смешит твой детский голос
обрезанный смущает волос
ты представляешь только полость
но я взамен тобой наполнюсь

ты что иль кто покамест некто
зачем грудей твоих нектар
в моих посланьях будит негу
я откровенный некрофил

---
[1] *из письма Боре Лурье.*

любя лишь память лишь мгновенье
небывшее убывши от
твой тохес мня филе-миньоном
и на миньет сменив живот

как хорошо в любви небывшей
перебирать касанья те
и говорить с тобой на идэш
стирая с губ твоих косметику

и постигая математику
твоих явлений трижды в год
твоих коленей мать-и-мачеху
и опушённый ею же живот

когда прикосновенье в пясти
хранимо годы и пока
табакман дланью не умаслит
твои покатые бока

играя крупом ты проходишь
по-арцыбашеву (прочти?)
стопою в памяти порхая
форелью склизкой по ручью

маня прохладною пипиской
дразня касаньем рук до ног
ах почему я не писатель
иль на худой конец дега

изобразить сразить и плюнуть
де садом в юный зад её
прорвавши девственную плеву
зубилом млатом и адьё

VIII
адьё красотка ла-валетка
левреткою у ног моих
чужою спермой наливаясь
иных немногих по имев

"ни пальцем я тебя не трону
ни губ моих тебе не знать"
писал я в 22 отторгнув
"и лик и пах и пах и зад"

но ширали иль аронзоном
воспев припухлые *(зачем?)*
поэт подвергнут обрезанию
и отрезанию затем

поэт пиши дыши в мошонку
об этой мошке столь земной
приемля члены вермишелью
она ко мне грядёт зимой

она ко мне придёт я знаю
с каким-то хуем на конце
явясь сильфидой неземною
но с выраженьем на лице

она меня ещё достанет
своею дыркой (не в коня)
и постепенно дорастает
до этой девочки в окне

огрузнув грудью и огузком
она мне явит полный вид
когда грудей её сосиски
жевать не станет инвалид

как ты кусама и мисимо
всё мимо мимо и банзай
вонзай между её мясами
свой затупевший багинет

"тому лет много миновало"
той плоти некогда земной
сосцы дразнящи цветом алым
уже потисканы не мной

уже попискивает писька
поскрипывает кожей тря
о отдались же одалиска
своею кожгалантереей

"все сучки в сумочки" сложивши
послания моих щедрот
страдают явно не сужением
а во сто крат наоборот

а я пишу и тешу плеши
наяд что в возрасте яги
исчезнет конный или пеший
там где сходились две ноги

туда туда идут посланья
ответа без и без отдач
а инна вяло (чей?) посасывает
совсем одна совсем одна

IX.
ах если бы была ты молода
но горе наступают холода
и да мне не промолвила манда
и вялая висит в ночи елда

поэзия *(куда-то там)* езда
туда куда не ходят поезда
ах инна как магнит твоя манда
манит меня туда тогда езда

*"и остался поэт с арбузом
со своим безразмерным пузом"*
пишет пишет стихи туда
где исчезнет всё
навсегда
....

(из поемки "INNA8M ИЛИ О ТАБАКМАНЕ И МАЯКОВСКОМ",
март 1998)
yours ever and brotherly, KKKuzminsky..."

... а Борис Лурье и сам пишет стихи — хулиганские, крутые, на английском, русском и немецком, набирал их наново для прожектируемого мультиязычного альманашка "Вселенская Баракка" (обложка и заставки В.Некрас/ов/а), но призрядная двухмесячная работа застряла в сентябре на хард-драйве моего сдохшего лаптопа (купленного в бытность "сотрудником" НРС — 41 статья-эссе за год! — в редакторство Жоры Вайнера, недолгое), и все мои умельцы, компьютерщики-самоучки, никак не могут снять искомое...

(отрывок из "писма на деревню девушке...", 1998-2002-????)

Борис Лурье. УБИТЬ ПОЛОЖИТЬ. 1970 г.

P.S.-2005: кристо (чей двоюродный братик кирилл кристов первооформлял моих "сирен" в 1994-м) истратил 20 миллионов зелёных долларов, дабы изгадить централ-парк дурацкими оранжевыми занавесками, фото прислали (сын режиссёра андрея загданского)
его первый гениальный ассамбляж — баррикада из облупленных бензиновых бочек в переулке парижа — стоил лишь аренды грузовика (наверняка взятого у кого-то из друзей), а бочки были — с помойки...
пытаюсь засадить девушку-киношницу — на бухгалтерский ризёрч (ресёрч?): дать в 2 колонки "культовые фильмы" 1920-х — 2000-х, по расходам "андалузскую собаку" дали/бюнюэля/мэн рея и "водный мир" кевина костнера (не говоря за всяких "клеопатр"), "в горах моё сердце" хамдамова или "жидкое небо" славы цукермана — по сравнению с киношной спилберговщиной...
вспоминаю вонючую "бродячую собаку" борьки пронина (по рассказам деда жены, а.а.голубева) и новый год футуристов (по валентине ходасевич)...
вспоминаю свои подвалы, где я выставил под сотню художников (и поэтов)
в подвалах сверху и снизу текло говно — но говна я там не выставлял начинающих и слабосильных — да, случалось как моего покойного бялорусского "недо-гения" сашеньки исачова, в 17-18 впервые в 73-м (а потом его взяли уже мои художники — в ДК им. Газа, в 74-м... а потом жора михайлов... а потом персональная в 32, в минске — после которой он уже не проснулся...)

"ноу!арт" — он есть, был и будет всегда (4 марта 2005)

БОРИС ЛУРЬЕ

СТИХОТВОРЕНИЯ ИЗ КНИГИ "GESCHRIEBIGTES / GEDICHTIGTES" [2]

239

Es kratzt mich drinnen was, in meiner neuen Hose
sowie ich mich bewege
und das heisst, dass ich lebe —
erheitert mich mit zuverlässigem Mini-Schmerz
  — den ich verstehe.

Что-то скребет меня внутри, в моих новых штанах
лишь только сделаю движение
а значит, я живу —
что веселит меня надежной мини-болью
  — ее я понимаю.

24 марта 1998 г.

247

Wertsachen, sowie Schund,
überstehen —
wer kannís BEHAUPTEN,
was ist Wertsache / was ist Schund
ICH BESTIMM' ES.

Ценные вещи, как и хлам,
переживут —
кто может УТВЕРЖДАТЬ,
что ценность / что хлам
Я ОПРЕДЕЛЯЮ ЭТО.

17 апреля 1998 г.

255

Ich darf dich doch nicht dran beschuldigen,
dass dein Vater starb
vielleicht doch,
weil Du doch sein Sohn bist.

Не могу же обвинять тебя в том,
что твой отец погиб
а все же, может, и
ведь Ты же его сын.

2 июня 1998 г.

---

[2] Порядок стихотворений соответствует изданию *Boris Lurie: Geschriebigtes / Gedichtigtes*. Eckhart Holzboog Verlag. Stuttgart 2003.

83

Du weisst:
   Woher weisst Du?
      Durch wen weisst Du?
         Wieso, weisst — — Du?
            Und was weisst Du
               was wir nicht wissen werden,
                  wissen können.

Ты знаешь:
   Откуда знаешь Ты?
      От кого знаешь Ты?
         Почему, знаешь — — Ты?
            И что знаешь Ты
               чего мы знать не будем,
                  знать не можем.

8 июня 1995 г.

115

KAUFT man sich
   mit Yeltzin-Rubeln
Prostitutensterne
aus dem Freiheitshimmel,
schmeichelnd ihrer nackten Jungfrauhüften
mit dem übersatten krummen Schwanz —
vorbei —
weinend um die alten Veteranenmütter,
der Skelette hängend mit gegerbter Haut —
Lenin Heiligkreuz,
im zahnlos Gorbachovschem Maul,
bittend ob das Trinkgeld ihrer Töchter
Drin ins Russland-Loch der Schufte —
Nur das Beten und das Betteln fällt da
in die Kremlin-Urne rein.

ПОКУПАЮТ
   Ельцинским рублем
звезд-проституток
с небосвода свобод,
льстя их голым девственным бедрам
кривым пресыщенным членом —
мимо —
плача о матерях-ветеранах старых,
скелетов веша дубленой кожей —
Ленин Крест Святой,

в беззубой Горбачевской пасти,
прося ли чаевых их дочерей
в Российскую дыру негодяев —
Лишь мольба и попрошайство падает
в Кремлевскую урну.

23 февраля 1996 г.

119
Wo sollen wir die Ängste
füllen
wenn Mutterknochen so
zersplittert sind

Где нам наполнить
эти страхи
когда кость матери так
расколота

Май 1996 г.

127
Es gibt nirgendwohin zu gehen
nirgendwohin zu fahren

Ein neuer Ort! : heilt der Idiot

Man kann nur fallen oder steigen

Kein Immigranten-Brei: Die Steine bauen
Kein Immigranten-Brei, sich zu versteinern

Ничего нет, куда бы пойти
куда бы поехать

Новое место! : кличет идиот

Можно только падать или подниматься
Не каша иммигрантов: Строить камни
Не каша иммигрантов — окаменеть

Июнь 1996 г.

133
Die Heimat ist dort, wo nichts ist:
Im Stratojet, kurzweilig,
kurzweilig auf die Schnelligkeit
allein des Weglaufens, dann sicher angewiesen
Und, in der Wüste,
da hältís man aus viel länger,
wenn man sich von der Sonne,
im Schatten eines Selber, zu verstecken weiss
und nur sich selber, nasse Wahrheit, trinkt.

Родина там, где ничего нет:
В стратоплане, время летит,
летит и вскоре лишь от быстроты побега
наверняка зависим
Да и, в пустыне,
удается выдержать дольше,
когда от солнца,
в тени самого себя, прятаться умеешь
и только самого себя, влажную правду, пить.
12 июня 1996 г.

135
Der Jude zahlt gut
fürs hitlerianischí Sauerkraut.

Legt darzu mit, Tomatensosse

Totensosse

ins Du —   mein Liebchen —
natürlich bist Du eine Jüdin?

Еврей неплохо платит
за гитлерянскую квашеную капусту.

Кладет добавку, томатный соус

Тот мертвый соус

в Тебя —   моя дорогуша —
конечно же, Ты Еврейка?
15 июня 1996 г.

139
*Den Bauch verlieren
Bilanzen komputieren
Den Därme-Austausch
zu um-spülen*

*Den Proletarier-Sőhnen
mit blutend roter Korke*

*Einbürgerung
verbieten.*

Живот терять
Баланс компьютерять
Чтобы дерьмообмен
обмывать

Сынам пролетариата
в кроваво красной корке

гражданства
не давать

22 июля 1996 г.

178
*Die kalte Luft
drängt sich
durch diese ungehobelt Bretter-Spalten.
Weißt du
was philosophisch-so-gesprochen
Was Kälte ist?*

Холодный воздух
проникает
сквозь неотесанных досок щели.
Знаешь ли ты
как по-философски-так-сказать
Что значит холод?

3 августа 1997 г.

210

*Das Malertum kommt aus 'ner Büchse
von Konfekten
in das ist eingeschmolzen worden
ein Davidstern-mit-Hammer-Sichel
unter versternten Hakenkreuzen*

Живопись родом из конфетной
банки
в которую впаяна была
звезда-Давида-с-молотом-серпом
под звездистой свастикой крестов
1998

219
Höhnen ... spotten ...

GLAUBEN

*an das Alles
an das mich —
kaum, an das Dich.
Warum, leider, nicht ...
Ihr seid doch gleich-Wegs
Ichs.*

Глумиться ... насмехаться ...

ВЕРИТЬ

в это Все
в это меня —
вряд ли, в это Тебя.
Почему, жаль, не ...
Вы все же со-одно-путники
меня.

Февраль 1998 г.

214

DAS MOECHT ICH HEUTE ESSEN
EIN HÜHNCHEN AUF DEM APFELBAUM

Sagt es zu mir, ins Ohr mir schlafend flüsternd
Die Herrschaft Dadaist Monsieur Marcel Duchamp?

ob brauche ich ihn nur zum Deckel
meines eignen Rätselkastens
die Rätsel nur mit — Historität
Le-giti-imismus — —
um letzter Lösung zu verquälen?

Nicht auf meinen eignen platten Bubenfüssen
die grandiosen Lebensrätsel
eigenfäustig zu begehen?

ХОТЕЛ БЫ Я СЕГОДНЯ СЪЕСТЬ
ЦЫПЛЕНОЧКА НА ЯБЛОНЕ
Мне говорит, шепча мне сонно в ухо
Сударь дадаист мосье Марсель Дюшан?

нуждаюсь ли я в нем только как в крышке
для ларчика моих загадок
загадки только с — историйностью
Ле-гити-имизмом — —
чтобы ответом помучить напоследок?

Не собственными плоскими стопами отрока
грандиозные загадки жизни
самовольно попирать?
21 января 1998 г.

278

Das Volk ist nur an einem schuld,
　　　dass es dumm ist.

Das neugebürgert Proletariat ist nur an einem schuld,
　　　dass es nichts lernen will.

Die Oberschichten sind an einem — unter anderem — schuldig,
　　　dass sie zu klug sind.

Die Künstler sind nur an einem schuld:
　　　sie Künstemachers seien.

Die Kritiker und Intellektuellen sind bloss an dem schuld,
dass sie nichts erlebt haben.

Die Oekonomisten sind nur an einem haftig:
dass sie Fäden durch die Zähnelőcher strecken.

Politiker sind nur an einem unschuldig:
dass sie die Vőlker, Papas-Mamas, haben mőchten.

Gott und die Juden sind daran schuld,
dass sie in Auschwitz zu viel Geld verdienen.

Die Freiheitsfrauen sind daran schuld —
die Dolche in verbergte Männer-Stellen stechen.

Die Profession der Mannesbilder trägt die schuld —
sich in die Mauselőcher bergen.

Die Lenker von den Sowjets hatten daran schuld
in Tat zuviel Erfolg erhaut zu haben.

Die Demokraten sind stets unschuldig,
weil sie nur das Vergessen taten.

Wir alle haben Drinnenschuld
in Klostern Coca-Cola rauchen.

Народ в одном лишь виноват,
в том что он глупый.

Огражданившийся пролетариат в одном лишь виноват,
в том что не хочет ничему учиться.

Высшие круги в одном — и не только — виноваты,
в том что слишком умные.

Художники в одном лишь виноваты:
они дескать искусстводелы.

Интеллигенция и критики лишь в этом виноваты,
что они ничего не пережили.

Экономисты лишь за одно ответственны:
за то что тянут нити через дыры в зубах

Политики не виноваты лишь в одном:
в том что они нуждаются в народах, папах-мамах.

Бог и евреи виноваты в том,
    что зарабатывают в Аушвице слишком много.

Женщины Свободы виноваты в том —
    что кинжалят мужские потаенные места.

Призвание мужчин виновато —
    что прячутся в мышиных норах.

Правители Советов были виноваты в том,
    отбив успеха слишком много в деле

А демократы то и дело невиновны,
    потому как забвением занимались.

Мы все внутривиновны
    что кока-колу курим в монастырях.

19 сентября 1998 г.

*Перевод с немецкого Бернхарда Замеса, кроме
210 и 219 — перевод Елены Сазиной,
214 и 278 — перевод Елены Сазиной и Бернхарда Замеса.*

Борис Лурье. NO!ящики и NO!чемоданы иммигранта. 1963 г.

ТОМ ВУЛФ

МЕСТНЫЙ ВАЯТЕЛЬ СЭМ ГУДМАН

Выставка, организованная Борисом Лурье в галерее Гертруды Стайн [1]
12–30 мая 1964 г.

Сэм Гудман, скульптор — низкого роста, полноватый, растрепанный и помятый мужчина 45-ти лет, совсем не готов состариться и покинуть ряды художников протеста. Последние семь лет он и его друг Борис Лурье трудятся на ниве эпатирования буржуазии и бунта против истеблишмента. Отсюда-то и все осложнения в их жизни. Эпатировать буржуазию становится все труднее и труднее. Она теперь готова принять все, что ни швырнешь в ее сторону, не медля зачисляя это в Искусство: покореженные бамперы, старые душевые головки, торчащие из холста, им все это до смерти любо! К примеру, Борис и Сэм несколько лет назад устроили нечто, названное «Вульгарным шоу», где выставили, в числе прочего, вырванных из порножурналов грудастых крошек на корточках с раздвинутыми ногами, и что же последовало? Все эти нынешние баббиты, попав туда — а это были, в основном, арт-критики и прочие «эстеты-интеллектуалы», как их называет Борис — продолжали говорить, как это все прекрасно, давай-давай, Сэм, молодец, Борис, продолжай в том же духе, мы с вами в этой героической борьбе. Ну хорошо, решил Сэм, дай-ка мы им преподнесем это с большим размахом. И вот эта самоновейшая их экспозиция открылась на днях в галерее Гертруды Стайн в весьма элегантном особняке на восточной стороне Манхеттена, дом 24 по 81-й улице.

Осуществилось то, к чему за 75 лет привела непобедимая логика модернизма, а именно: к Гудману-Лурье, сидящим на полу галереи чуть за угол от Мэдисон Авеню среди куч (числом 21) изваянного кала млекопитающих. Не задуманных выглядеть смутно напоминающими кал млекопитающих, или более или менее как кал млекопитающих, либо абстрактно ассоциирующимися с калом млекопитающих. Не поставленное на пьедестал, все это просто лежит на полу, включая одну кучу, которая весит 500 фунтов. Они сделали это так, чтобы выглядело оно точно как кал млекопитающих, насколько позволил им 25-летний опыт работы в традициях Сезанна, Пикассо и Матисса. Итак, Борис начал лепить кал — пусть они почувствуют размеры. «Я его выдавливаю, — говорил Сэм, — я пользуюсь им вроде как искусственным камнем. Вы знаете, искусственный камень, это, ну, не знаю, вроде гипса, что ли. Я его выдавливаю как бы через трубу. Я не могу сказать, каким способом, а то все начнут это делать». Друзья г-на Гудмана считают его оригинальным мыслителем, которому и в самом деле надо заботиться о том, чтобы

---

[1] Современная нью-йоркская галеристка, меценат и коллекционер. Возглавляет Boris Lurie Art Foundation.

другие художники не крали его идей. А у него много замечательных идей. Пару лет назад, после «Вульгарного шоу» они с Борисом устроили выставку «Обреченность», где одним из гудмановских экспонатов были обезглавленные и обгорелые куклы младенцев, втиснутые в обгорелые матрацные пружины. А спустя несколько месяцев, не объявился ли один из ведущих поп-артистов со своими обугленными куколками на своей персональной выставке? Именно так и произошло. Что говорить, половина художников в городе захочет узнать секрет ваяния кала, стоит только критикам одобрить данный кал так же, как по словам Бориса, одобряют его посетители галереи Гертруды Стайн. Но все же, какое разочарование! Они просто отказываются быть шокированными. Они, интеллектуальная элита нью-йоркского художественного мира, глядят на эти кучи, лежащие на полу, и обсуждают их не выходя за рамки своего обычного лексикона: их масса, их напряжение, их напор, их пластический настрой и так далее. Борис возмущен. «Эти люди так запуганы эстетикой современного искусства и всей этой лицемерной эс-те-тиц-кой болтовней, — говорит он, — что им страшно признать то, что они видят не что иное, как кал. Они воспринимают это как скульптуру. Они сюда приходят, трогают это и говорят о «форме». Я думаю, они слишком запуганы, чтобы признаться в своих настоящих впечатлениях о так называемом произведении искусства». Борис считает, что их скульптурный кал загнал критиков в угол. Они давно признали скульптуру из металлолома, «найденные» объекты, портреты консервированных супов и любовные комиксы. Уж если они так всеядны, им и кал впрок. Госпожа Стайн, которая вовсе не приходится троюродной сестрой величественной Гертруды Стайн, гуру американских экспатриантов 20-х годов, таких как Хемингуэй, говорила, что у критиков, если бы они обладали исторической перспективой, не было бы никаких проблем с приятием выставки. «Отлейте слово НЕТ! в бронзе, — говорит она, — и у вас будет суммарная картина развития современного искусства».

Однако, все эти разговоры о признании и приветственных отзывах критики вовсе не радуют Сэма Гудмана. Оглядывая лежащую на полу 21 кучу, он замечает: «Да уж, а вот что я сделаю «на бис», ума не приложу. Я так полагаю — либо мне пуститься в обратный путь по направлению к утробе, либо, я уж не знаю, настойчиво идти вперед, и устроить этакий перформанс, в ходе которого я совершаю самоубийство».
1964

Перевод с английского Григория Капеляна.

ТОМАС КЕННЕРЛИ (ТОМ) ВУЛФ (родился 2 марта 1931 года) — американский писатель и журналист, прославившийся как один из основателей нового журнализма. Закончил школу Сент-Кристофер в Ричмонде, штат Вирджиния, а затем прошел основной курс в университетах — Вашингтонском и Ли. После этого он завершил свое высшее образование в Йельском университете с докторской степенью (http://en.wikipedia.org/wiki/Tom_Wolfe)

Сэм Гудман в 1960 г. Фото Джозефа Шнеберга.

Сэм Гудман и Борис Лурье у входа в Мартовскую галерею.
Фото Джозефа Шнеберга. 1960 г.

Сэм Гудман. Триптих Эйхманна. 1961 г.

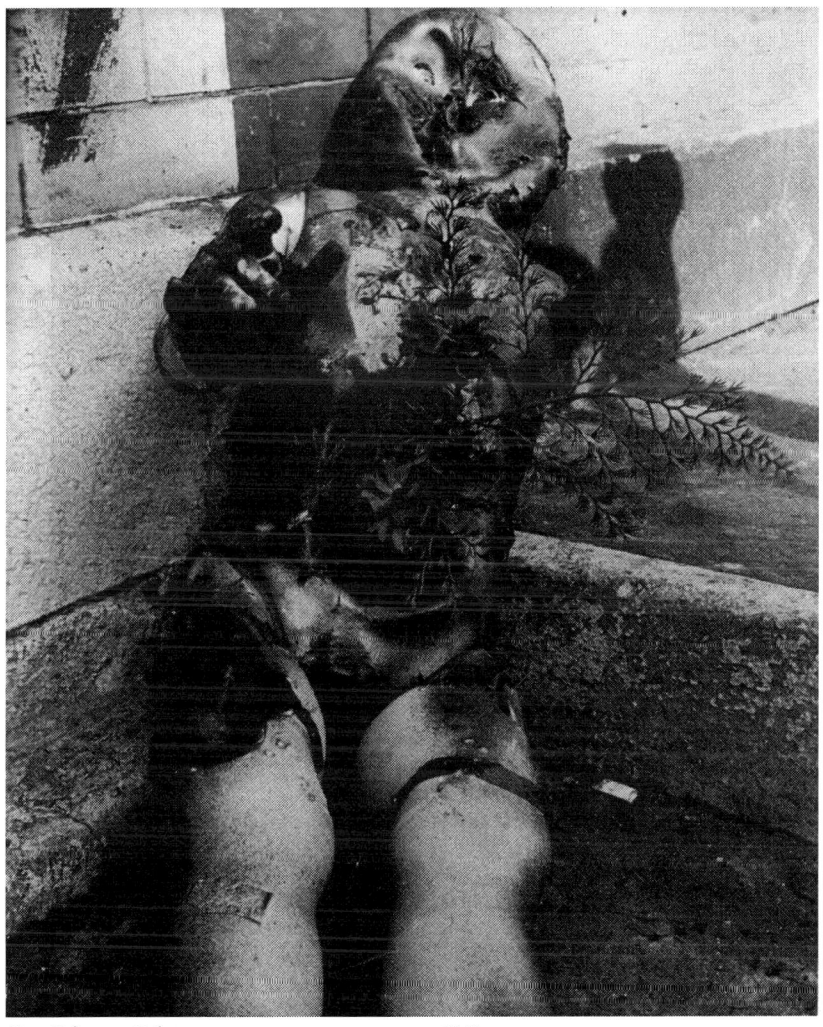

Сэм Гудман Обгоревшая кукла с цветами. 1961 г.

Плакат выставки "Вульгарное шоу" в галерее Мартовской группы. 1960 г.

БОРИС ЛУРЬЕ

ГОВ-NO!

… Мир 1973 года ничем не лучше мира 1923-го. Он еще хуже — в силу неразберихи и мошенничества… В любом обществе художник несет ответственность… за поддержание и защиту инакомыслия… Я согласен с Энгельсом: «Художник описывает реальные общественные отношения с целью разрушения общепринятых понятий об этих отношениях, тем самым подрывая буржуазный оптимизм и заставляя общество сомневаться в основополагающих принципах социального порядка». «---» … «Дада было аристократическим бунтом,,,, а на улице бывает только бунт толпы» (Сальвадор Дали на открытии выставки в Музее Современного искусства, имея в виду демонстрацию протеста художников). --- «Меня могло бы окончательно убедить, если бы художники NO!Art'a зашли бы так далеко, что на глазах у публики совершили бы акт самосожжения вместе со своими работами» (Айрис Клерт, антрепренер и пропагандист авангарда в Париже). --- «… искусство — слишком сложная материя, чтоб быть предметом дискуссии…» (нью-йоркский арт-дилер Сидней Джанис, к молодежи, обратившейся к нему за советом). --- Неудобная правда состоит в том, что кризис международного художественного рынка начинает давать о себе знать: затянувшийся процесс, корнями уходящий в Дада, периодически прерывался контр-тенденциями — не обязательно реакционными по духу — и теперь подходит к завершению. Искусственное культивирование декоративных и «эстетических» ценностей, отчаянные инвестиционные манипуляции, чему способствовало множество прирученных художников — все это привело к ситуации, напоминающей последнюю стадию «бычьего» рынка на бирже. Эстетически и философски дно уже выпало: мини-движения, культивирующие эстетические оттенки, не разрабатывавшиеся пионерами современного искусства, всячески поощряются и пестуются, их историко-художественная ценность диспропорционально преувеличивается, даже ампутированные отщепенцы Дада возведены в степень приемлемости и становятся ходким товаром салонных игр. Мясники и бакалейщики, смертельно напуганные инфляцией, закупают свои копеечные акции по неимоверно вздутым ценам. «Театральная» секция художественного рынка состоит из музейных кураторов, угождающих попечителям и необразованной публике, стремясь побить бессмысленные рекорды посещаемости; художники, преподающие в университетах, проталкивают свой товар и навязывают свои взгляды незрелым студенческим мозгам, таким образом создавая ложную картину исторической преемственности посредством дезинформирующих публикаций и критических статей, тем или иным способом оплачиваемых истеблишментом. «Практическая» работа осуществляется художественно-продюсерскими предприятиями, располагающимися в гигантских лофтах промышленных зданий нижнего Манхеттена в удобном отстранении от контактов с реальной жизнью людей. Наверху пирамиды — аристократическая верхушка, ставящая свои условия культурно-инвестиционным интересам, функционирующая в значительной степени за счет неподозревающих о том налогоплательщиков (мнения которых на этот предмет никто не спрашивает), уровнем ниже этих августейших особ стоят их «капо», инвесторы-спекулянты из нуворишей и связанные с ними лавочники, т. е. владельцы галерей. Советы по искусствам обеспечивают дополнительные вливания общественных средств.., а ФБР уделяет необычно пристальное внимание охране инвестиций от хищения и подделок. --- Целое поколение художников выразило свое неприятие этой ситуации отказом от создания вещей, годных к продаже и уходом в концептуализм, социологические изыскания, перформансы, уличный театр, в слияние политики и искусства, в создание недорогих авторских плакатов, в карикатуру, подпольную печать, в политическую акцию в качестве художественного жанра. Будем надеяться, что они будут свободнее от тенет художественного мира, нежели их старшие братья периода Мак-Карти—Кеннеди с его поп-артом, выпестованным истеблишментом; будем надеяться, что им удастся совладать с американским монстром успеха, монстром эгомании, монстром волчьей конкуренции, монстром гомосексуальной групповщины. --- Первый контингент бунта начинает с отчаяния, порожденного осознанием, что пора покончить с нежеланием смотреть правде в глаза, с изоляцией и уходом в себя. Художнику нечего терять, кроме своих цепей, тех самых цепей, коими скованы сегодняшние и вчерашние художники, цепей, звенья которых ведут далеко в прошлое, вплоть до Ренессанса и более ранних периодов и обратно в наше время, которое бессовестно объявляется временем величайшего расцвета искусства.., производимого дрессированной челядью скованных одной цепью художников. --- Моя выставка «Adieu Amerique» 1959 года, охватывавшая работы предшествовавшей пары лет, была декларацией неприятия. Я собирался навсегда покинуть Нью-Йорк и решил на прощание излить душу. Парадоксальным образом, это неприятие и отрицание обернулось вселяющим надежду объединением в активную группу художников— Сэм Гудман, Стенли Фишер, Джон Фишер и я организовали галерею «Мартовская Группа» на 10-й улице, группу, позднее прозванную «NO!Artists». Пример битников, с их прямотой и смелостью, восстание Кастро и наше собственное отчаяние вселили в нас отвагу противостоять казавшейся непобедимой, могущественной и всесильной системе художественного мира, порвать все путы привязывавшие нас к ней. Мы опубликовали заявления, приуроченные к нашим выставкам, в которых мы позиционировали себя таким образом, чтобы отрезать все пути в возвращению под контроль системы, в случае если возникнет такое искушение, угрожающее сломить нашу бунтарскую волю. Мы выступили против абстрактных экспрессионистов с их немым бесполезным битьём себя в грудь, их мистификаций вместо эстетики, отказа от открытости и конкретности, ухода от «называния имен», прикрытия силы эмоций эстетическими ухищрениями, — против их стремления избегать прямого обращения к действительности. --- Затем последовала моя выставка «Les Lions» в «Мартовской Группе», нашей кооперативной подпольной цитадели. Время: колониально-гражданская война в Алжире; живопись с коллажем отражает личные переживания, настойчиво ищущие психологического разрешения в художественной акции. Политические и социальные вопросы поставлены и проработаны, ответы на них даны самим процессом работы. «Les Lions», львы, на фотографии мирно отдыхающие на солнце, взятые из французского журнала, в котором также отражена и драма алжирской войны. Эти львы, готовые к бесстрашной и свирепой схватке — в то же время представляют зрелище умиротворенной животной мощи. Львы Иудеи — предшественники несчетных грядущих бунтарских выступлений. Львы Нью-Йорка. --- «Вульгарная выставка», последовавшая за «Les Lions», была демонстрацией группы, цель и название которой были избраны коллективно, состояла из работ, созданных специально для неё с включением ранее созданных, если они соответствовали тематике. Выставка вырастала спонтанно, как и многие позднейшие, каждый выставлял работы по мере их готовности до самого окончания срока показа, так что сама выставка и вся ее обстановка в ее начальной стадии разительно отличалась от того, во что она превращалась в конце. На самом деле, никакого «конца» не было, поскольку создавшаяся выставка естественно перетекала в последующую, вызванную развитием мыслей в процессе работы на глазах у публики. В этом участвовали Сэм Гудман, Стенли Фишер, Джон Фишер и я. Мы хотели показать, привлечь внимание и подчеркнуть ту «вульгарность» в нас самих, в той же степени, как вульгарность вокруг нас, принять эту вульгарность, проникнуться ей, осознать ее и пользоваться ею. --- Но, к сожалению, следующая выставка, «Ангажированность», была несозревшей! Идея ангажированности, прорыва изоляции была сама по себе правильной. Но эта наша идея ангажированности зашла слишком далеко в преждевременной попытке объять все общество, включая наших «врагов», объять все культурные течения суммарно, покончить с демонстративной оппозиционностью, рас-

статься с гневом. Это возникло из воображаемой и незрелой уверенности в том, что раз нам в нашей эйфории удалось, казалось бы, трансформировать самих себя в этой бунтарской художественной акции, как бы подвергнуть себя очищению в пламени схватки, то и мир вокруг нас должен соответственно перемениться и мы, принимая желаемое за действительное, готовы были к объятиям, ко взаимной любви. Как же мы заблуждались в нашей оценке действительности! Ведь вокруг вовсе ничего не изменилось и, если нас и заметили, то единственной реакцией было мертвое молчание. Что касается мира искусств в целом, то он ни в малейшей степени не был затронут нашими культурными мероприятиями. Несколько лет спустя «Дети Любви» заняли подобную позицию в области массовой культуры — их инстинктивные стремления привели их в конкретном смысле к полному провалу. К сожалению, время для осуществления в обществе прекраснодушных фантазий на основе христианских понятий так и не наступило. Но тогда нам казалось, что с миром 50-х покончено, время замалчивания и пренебрежения навсегда прошло, процесс Эйхмана с убедительной силой восстановил в общественном сознании то, о чем большинство предпочитало забыть, возвестил о конце молчания, страха и конформизма холодной войны и послевоенного периода подавления. --- Очерняемые как абстрактными экспрессионистами, тогдашним авангардом, равно как и консервативными художниками, унижаемые всеми «эстетами» за производство «дурного» искусства – испытанная тактика разоружения всякого творчества, ищущего новых путей, мы решили действовать абсолютно самостоятельно. Контрреволюционная реакция поп-арта тогда еще не наступила, его будущие адепты находитись тогда в стадии абсорбирования идей — в значительной степени с наших выставок — художественная критика нас игнорировала (даже полуподпольный Вилледж Войс отказывался отражать нашу деятельность, редактор сказал мне, что наша позиция слишком уж «радикальна»), так что мы должны были сами пропагандировать себя, стать собственным СМИ. --- Выставка «Обреченность» была прямым ответом на опасность атомной войны в момент конфронтации Хрущева – Кеннеди из-за Кубы в 1961 году, когда задействованы были подвальные бомбоубежища для гражданского населения, истерия охватила страну; искусство должно было совершить резкий и полный разворот в сторону тотальной политизации искусства, одним ударом отменив всяческие субъективные интроспекции которыми оно до сих пор питалось. «Обреченность», фильм Роя Васневского, привнесший в этот политический контекст атмосферу хэппенинга, экспромты под аккомпанемент рок-музыки — все это сделало выставку растущей и меняющейся. Этот радикальный поворот в сторону полной объективизации, сосредоточенной на социально-политических проблемах, был попыткой заложить основу истинно массового искусства, целиком опирающегося на народные движения — и в этом смысле особенно важными были замыслы и деятельность Сэма Гудмана. Искусство не должно эгоистично служить художнику и самому себе, либо угождать узкому кругу посвященных — оно должно быть обращено ко всем, стать поистине всенародным искусством. Мы верили в то, что искусство может выполнять такую функцию будучи в прочном союзе с мощным политическим движением, вырабатывая демократическую эстетику, которая станет наивысшим достижением искусства.--- Эстетам и снобам был не по нраву грубый язык наших работ, он резал их слух, настроенный на Сезанна, Моне и приглушенные литании абстрактно-экспрессионистского авангарда. Интеллектуалы и литературный бомонд нас отвергли; к примеру, «прогрессивная» феминистка Джилл Джонсон, рецензировавшая «Обреченность» на страницах «Арт Ньюс» заявила, что социальное искусство, подобное нашему, бесполезно, будучи приемлемым только для аудитории, заранее придерживающейся тех же взглядов, что и мы. Подразумевалось, что кричать — это дурной тон, молчание — более верная форма протеста, а бездействие — эффективнее действия! Такой подход способствовал выработке норм «крутого», но вполне пристойного рыночно ориентированного поп-арта и декоративно эффектной абстракции—все, что нужно, чтобы служить фоном для коктейлей на Парк-авеню. Ценители искусств видели в нас циников, смакующих все безобразное, подобно стае стервятников, питающихся падалью. Но гораздо большими циниками были именно такие типы, безжалостно атакующие творческие начинания и ретирующиеся в мышиные норы своих студий, своей прессы, фондов, университетов и художественных ассоциаций. На самом деле, для них наиболее презираемыми зрителями были та простая и неискушенная публика, которая была среди наших сторонников, понимавших нас: рядовые представители среднего класса, религиозные люди, служащие, студенты, далекие от искусства и потому не прошедшие прививок современного маньеризма и извращенного образования, лонг-айлендский раввин с его несломленной эмоциональной открытостью, но для разных калло и кастелли мы были помойкой. --- Артуро Шварц, весьма раздвоенный писатель, пропагандист авангарда, радикал и бизнесмен, которого я встретил в Милане, пришел в полный восторг от фотографий работ группы «No!Art». Вскоре он побывал в Нью-Йорке и изъявил еще больший энтузиазм после посещения выставки «Обреченность». Он сказал, что наши работы соответствовали его собственным прогнозам дальнейшего развития искусства. Довольно большая по составу работ выставка была послана для экспозиции в его миланской галерее. К несчастью, его пророческого рвения хватило ненадолго: работы не покупали, несмотря на обильное освещение в прессе (в большинстве — негативное) и общий ажиотаж в итальянских художественных кругах. Наши работы он больше не выставлял. Редактор «Арт Ньюс» Томас В. Гесс в минуту уверенности в собственной способности суждения, о чем он позднее явно сожалел, написал откровенно восторженную вступительную статью к

Мартовская группа. Выставка «Обреченность» в Мартовской галерее. 1961 г.

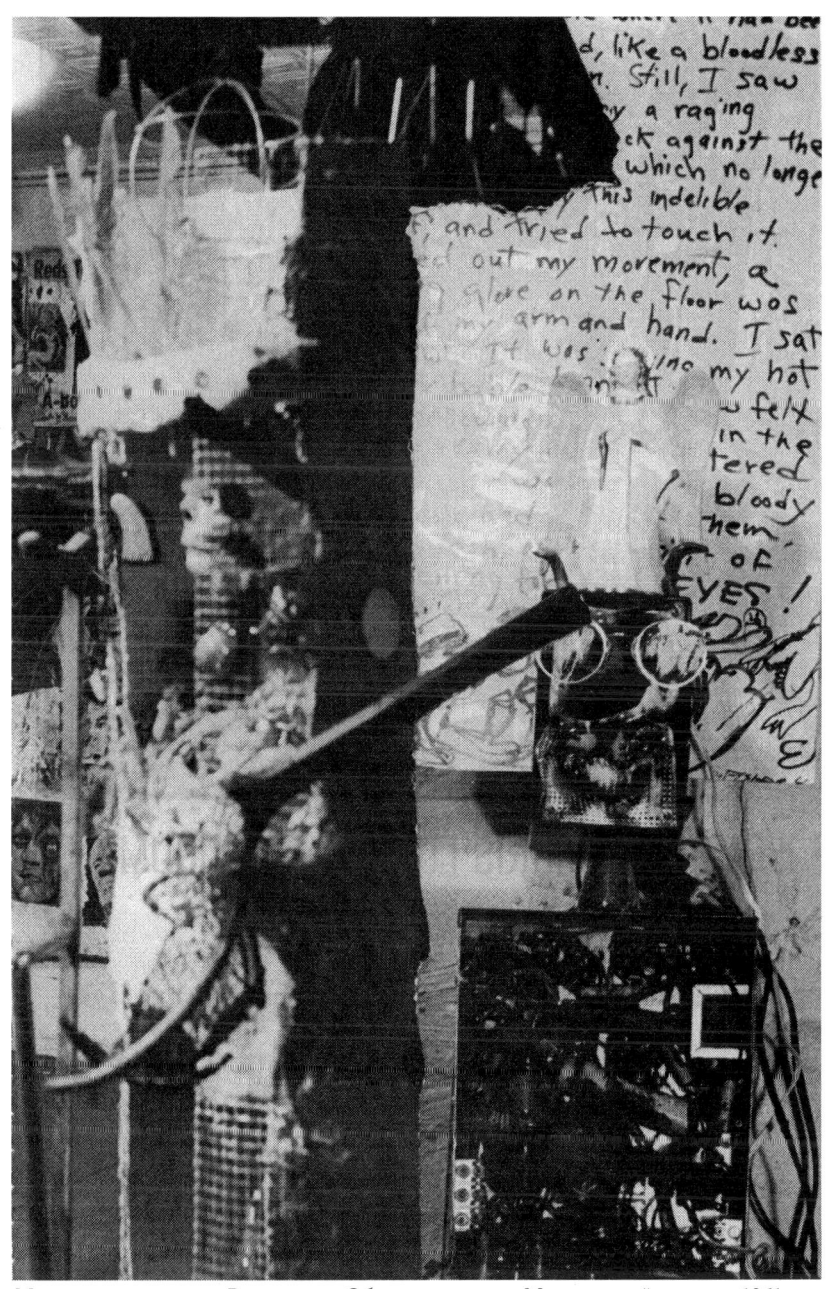

Мартовская группа. Выставка «Обреченность» в Мартовской галерее. 1961 г.

Борис Лурье и Сэм Гудман. Выставка «Обреченность» в галерее «Ла Салита», Рим, 1962 г.

Стэнли Фишер. Обложка буклета для выставки «Обреченность» в Мартовской галерее, Нью-Йорк, 1961 г.

итальянским показам. Семь лет спустя в ежегоднике «Арт Ньюс» он высказал нелепое утверждение, что коллажи с журнальными красотками и вся социальная направленность НО!Арта происходит от кубистическо-экспрессионисткой живописной серии де Кунинга «Женщины»! Выставка в Милане и особенно сразу за ней последовавшая в Риме были невероятным успехом в смысле реальной зрительской популярности — около 10 тысяч человек, самая высокая посещаемость выставок молодых художников в Риме за всю историю. Полиция, вместо конфискации всех работ, что было ее намерением с самого начала, после долгих переговоров с синьором Ливерони, владельцем галереи «Ля Салита», запретила вход несовершеннолетним. В прессе разгорелась ожесточенная дискуссия за и против, часто в ответ на статью Томаса Б. Гесса. Парадоксальным образом, публика «изысканного вкуса» (эстеты, гомосексуалисты и типажи из «Дольче виты») одобряли выставку, в то время как «коммунисты» (т. е. люди прогрессивных взглядов, члены компартии и левые интеллектуалы), как правило, резко ее осуждали.., возможно, они видели в наших работах угрозу социалистическому реализму, который они тогда поддерживали, или же подобные социо-психологические излияния были чересчур для их прагматической диалектики. «Изысканные» же приняли нас за самую последнюю новинку, продвигаемую нью-йоркским истеблишментом, потому-то они так тепло приветствовали выставку поначалу. Энтузиазм угасал по мере того, как просочилась информация о том, что мы вовсе не из числа избранных в Нью-Йорке... В Париже Пьер Рестани, критик и промоутер из «новых реалистов», оказал нам похожий постепенно охлаждавшийся прием... --- Артуро Шварц сообщил нам, что у нас нет друзей в нью-йоркском художественном истеблишменте, что наше название — говно. Тем не менее, один неопытный, начинающий арт-дилер, безразличный к мнениям истеблишмента, появился на горизонте: Сэм Гудман написал мне в Париж, что Гертруда Стайн несколько раз заходила в нашу подвальную Мартовскую галерею и была в восторге от работ и как раз подумывала открыть галерею в верхнем Манхеттене. Позднее мы пользовались помещениями галереи Гертруды Стайн для выставок, состав которых определялся и контролировался самими художниками. Гертруда Стайн взяла на себя весьма скромные, но тем не менее, реальные расходы. Однако, когда дело дошло до выставки «Говно», у нее были серьезные сомнения в разумности такого мероприятия, так что она неделями избегала собственной галереи. С нашим появлением в верхнем Манхеттене поменялась и наша аудитория. На 10-й улице преобладали художники и молодежь, а тут нам надо было гадать, кто же наш зритель: кругом была публика среднего возраста, ищущая развлечений толпа «нервозных» представителей обеспеченного класса, трудно определимая толпа, аморфная, вроде желе. В то время тамошняя молодежь, чуткая к переменам в моде, увлекалась поп-артом и китчем, тогда как более серьезная часть интеллектуалов из студентов и богемы полностью потеряли интерес к искусству, направив все внимание на иные виды деятельности: становились активистами борьбы за гражданские права, занимались социальной переоценкой общества не через искусство, а непосредственно на практике, избрав себе рок-музыку как способ выражения своей социальной позиции. Чванливые галереи верхнего Манхеттена были для них совсем уж неподходящим местом встреч. В моде был Карл Маркс и «Степной волк», на художества смотрели пренебрежительно, оставляя их гладко выбритым белым воротничкам с галстуками, провозглашенными новыми гениями поп-арта и знаменосцами «молодой революции». --- Я не считаю, что художники-женщины представляют особый и отдельный вид искусства, но многие женщины-художники поддерживают эту идею, возможно, из соображений карьеры. Однако работы Мишель Стюарт, Яёи Кусамы и Глории Грейвз, показанные на выставках НО!Арта, были мотивированы конкретными вопросами положения женщины в обществе. И Гертруда Стайн, наш «дилер», не умевший продавать наши работы, обладала той смелостью, которой не нашлось ни у одного галерейщика-мужчины. --- Все же в группе преобладали мужчины, не по причине их мужского начала, мужского превосходства или так называемого мужского шовинизма, но просто в силу того, что они были наиболее активны и бесстрашны. Женщин НО!Арта одолевало чувство страха: женщина, холодная, отчужденная, замерзшая, как гипсовые женские лица Мишель Стюарт, заключенные в отдельные коробки, покрытые едва прозрачными стеклами; как полные испуга образы конфликтов женщины и религии у Эстер Гилман; как у Яёи Кусамы, преследуемой ужасом растущих и множащихся полей, засаженных фаллосами; а также, в меньшей степени, в ассамбляжах и деликатных конструкциях Глории Грейвз. Женщинам, решившимся выступить с нами, был оказан теплый прием—мы считали свой круг незавершенным без них, но это относилось к женщинам, столь же решительно определившимся, как и мужская часть. Положение женщины было одной из многих тем, не единственной темой, ведь женский вопрос — одна из многих проблем общества. Между полами не было классовой борьбы, только лишь существующее отражение извращений общества, основанного на соперничестве, никакого преклонения перед бесполым унисексом. Мужчины НО!Арта приветствовали бунтующих женщин. --- Последовала моя выставка «НО-постеры», идея которой возникла в 1962 году: бросовые листы бумаги, использованные для вытирания типографских станков, на которых наложились наслоения перебивающих друг друга рекламных призывов—побочное произведение искусства, созданное машиной, в полной мере правдиво отражая потребительство. Поверх оттисков плакатного размера был одинаково надпечатан серебряной краской лозунг «НО», в сопровождении коленопреклоненной журнальной красотки и группы унизительных фотоснимков садо-мазохистских персонажей, связанных и с кляпами во рту. Выбор этого материала из коллекции моих символов был сделан Сэмом Гудманом, поскольку результатат (а не замысел) должен был быть лишен всякого сознательного художественного вмешательства автора. Целью было создание протестного плаката, полностью созданного случайными сбоями типографского станка. НО-рекламные плакаты, НО-административные плакаты, НО-туристические плакаты, НО-индустриальные плакаты, НО-мотельные плакаты, НО-игрушечные плакаты. Тираж практикеи неограничен, хотя каждый оттиск слегка разнится и является уникальным, продажная цена минимальна. Истинно народные протестные эстампы, сделанные машиной, в отличие от притворно массовых поп-артовских дорогостоящих шелкографий ручной работы, отпечатанных ограниченным тиражом для коллекционеров. Для полной ясности и понимания намерений, под каждым плакатом была трафаретная надпись «Анти-поп». ---- Оттиски, сделанные Хербом Брауном на больших плакатах из метро, были выставлены вслед за этим, привнеся аркады метрополитена в художественный обиход и предвосхищая свирепствующее ныне помешательство на граффити в метро, но со значением, выражающим отвращение и оборону личности от засилья непрошенной коммерческой пропаганды. --- Примерно в то же время Иссер Арановичи, который не участвовал в наших выставках со времен ранней «Ангажированности», разразился своим жутким хиппи-театром на холсте: в напряженнейшей неуклюжей красоте полупримитивной квазитрадиционной масляной живописи; странные длинноволосые существа, женщины, дети, мужчины, голые — но в шапках и шляпах — поглощенные безумными ритуалами наркотической безнадежности и упадка; мужчина, выбрасывающийся из окна головой вниз, дети, прикрепленные к родителям пуповиной, родители, так же соединенные друг с другом... ---- Инсталляция «Одна тысяча лодок» Яёи Кусамы представляла собой один покрытый мужскими членами белый корабль с веслами, расположенный посреди зала, пол и стены которого были до потолка выклеены фотографиями того же корабля: таково ее восприятие непрошенной энергии плодородия, бесцельно болтающейся в несуществующем океане.., женщина под угрозой этого беспорядочного сексуального напора, должно быть, избежала опасности, утонув под полом галереи. Позднее слишком по-мужски агрессивная женщина-самурай совсем растворилась в отчаянной эксгибиционистской деятельности... --- За этим последовал «Американский образ смерти» Сэма Гудмана и Дороти Гиллеспи: реалистическая обстановка похоронного дома с гробами, планами могильных участков, похоронных аксессуаров, все это в достоверном воспроизведении и в сопровождении скрупулезно документированных прейскурантов, условий рассрочки и привлекательных рекламных предложений, эта работа предшествовала социологическому искусству сегодняшнего дня. Гробы с покойниками также были выставлены — Сэм Гудман оказался кошмарно пророческим, ведь спустя несколько лет он сам в гневе скончался после своей следующей выставки. На его мемориальной выставке у Гертруды Стайн в 1967 году мы разместили тот самый гроб рядом с нашими экскрементальными скульптурами. Мало кто посетил поминальную службу в церкви Джадсон, организованную, среди прочих, Дэвидом Амрамом, который сочинил музыку для этого события, и немудрено, ибо за все 30 лет на нью-йоркской художественной сцене он, так и не став «богатым и знаменитым» или популярным среди бесталанной толпы карьеристов, этот «нахальный еврейчик», как многие его называли, оказал, тем не менее, серьезное влияние на ход развития искусства, сталкивая его с хорошо наезженной колеи, так что возврат к прежнему стал вряд ли возможен. В разгаре бурного вдохновения он, странным образом, сам становился похожим на отбросы; его как магнитом тянуло к мусорным бачкам на улицах, где он искал материал для своих произведений, полностью забывая о присутствии посторонних людей. --- Фатальная цепь трагических событий началась для нас в 1964 году. У меня возникла мысль, ничем не оправданная и необоснованная, что все это началось с моей «Смертельной скульптуры», в которой куриные головы были замурованы в пластмассовых блоках.., а «Американский образ смерти» Сэма Гудмана стал следующим звеном этой цепи. Так 1964 год стал годом кончины НО!Арта в качестве коллективной силы, хотя многие из художников движения продолжали работать и выставляться самостоятельно. Мой отец умер, его смерть обрушилась на меня и как танком меня раздавила, а в 1967 году умер Сэм Гудман, ставший медленной жертвой рака. У нас были нехорошие предчувствия насчет наших намерений работать с динамитом, но несмотря ни на что, нас было не оторвать от этой затеи. --- Выставка «Ноу-Скульптура» (Говношоу) была экспозицией произведений, темой которой были экскременты, сделанные из жесткой литой покрашенной пластмассы; размеры варьировались от малых до гигантских, установлено это было прямо на полу галереи. ---- Мы с Сэмом Гудманом произвели это все в течение короткого времени лихорадочной круглосуточной работы в подвале старой Мартовской галереи на 10-й улице и выставили в галерее Гертруды Стайн. Скульптуры множились, наполняя небольшие помещения подвала на 10-й улице, там, где начиналась наша коллективная деятельность; пока Сэм Гудман занимался отливкой и выдавливанием массы из пластмассовых кишок, я продолжал подвозить мешки гипса на багажной решетке своего «Остин-Спрайта» и сооружать арматуру окончательного «экскремента» из проволочной сетки и рогожи. Мы работали в таком темпе несколько недель, практически днем и ночью, безжалостно подгоняя друг друга производить все больше и все лучше. Лично я чувствовал себя руководителем важного и решающего рейда,

Гудман и Лурье. Говноскульптура. 1963 г.

вроде военного командира. Мы осознавали, что теперь все до одного мосты решительно сожжены, и если это наступление провалится, это будет и нашим провалом. --- «Окончательную революцию тематики можно наблюдать в галерее Гертруды Стайн... Эта каловая каллиграфия отличается многими формальными совершенствами для тех, чье пуристское образование принуждает восприятие таковых. Однако тема ставит в смешное положение тех, кто берется судить об этом с чисто формальной точки зрения. Другие же, которые в силу тематики отказываются ценить форму, тем самым будут вынуждены отрицать законность тех художественных ценностей, которые к нашему времени были привиты нескольким университетским поколениям...» (Брайан О'Догерти, Нью-Йорк Таймс, декабрь 1963 г.) --- Парадоксально, однако, к нашему неимоверному удивлению, угрожающей неожиданностью стало для нас появление поп-коллекцинеров и спекулянтов, которые заявляли, что выставка им понравилась и что они хотят купить работы и пропагандировать их. Я верю, что они были вполне искренни в контексте их собственной логики, однако содержание и цели выставки до них вовсе не дошли. Для нас это было угрожающим симптомом, мы стали подозревать, что пошли по неправильному пути, что мы где-то здорово промахнулись и получили рикошетом новых непрошенных ценителей — наши враги в своем извращенном понимании схватили настоящее содержание наших работ лучше, чем мы сами; но наши сомнения рассеялись, когда они сказали нам, что их поддержка будет возможна только в виде пакетной сделки, условием которой будет наше следование их эстетическому руководству, а наша галерея станет сателлитом в группе их поп-галерей; была сделана попытка вбить между нами клин при помощи обещаний денежного вознаграждения одним, а не другим. После долгих и ожесточенных переговоров с поп-людьми, среди которых был г-н Краусхаар, весьма неожиданно Сэм Гудман, сохранявший молчание на протяжении всего пылкого обмена мнениями, после того, как Краусхаар поздравил его персонально, воскликнул: «Срал я и на вас тоже!» Краусхаар, короткий, агрессивный, настороженный и обидчивый человек, позеленел и вышел вон. НО!Арт, первоначально негативный, порожденный сознанием всеобщего неприятия, на каком-то этапе обрел утверждающую, очищающую силу. Художники НО!Арта были буквально подпольными, даже их выставки имели место в одних только подвалах — и все их искусство оставалось на подпочвенном уровне, неугодное, подавленное, замалчиваемое и почти забытое. Большинство участников движения в конце концов умолкли, в кровь разбив головы, которыми они бились об стенку, прекратили выставляться или умерли, продолжают свою борьбу в искусстве или сменили свои занятия. И все же где-то в другой среде или средствах выражения посеянное ими продолжало расти и множиться на все четыре стороны света. Недавно я зашел в бар в районе гетто за углом от моей студии на 6-й улице: на стенах — коллажи, вырезки, фотографии текущих событий, высказывания, лозунги, люминесцентные краски и чёрные лампы: кричащие, мрачные, тревожные, «дурного вкуса» — все это вполне смотрелось подвалом Мартовской галереи ранних шестидесятых.

Перевод с английского Григория Капеляна.

*Борис Лурье в своей студии на 6-ой улице в Нью Йорке.
Фото Джозефа Шнеберга, 1977 г.*

Обложка брошюры выставки «Борис Лурье в галерее Гертруды Стайн». Нью-Йорк.

БОРИС ЛУРЬЕ

ХУДОЖЕСТВА

Еврей мёртв.

NO! с Миссис Кеннеди.

РАБОТЫ С ЦЕПЯМИ (1973)

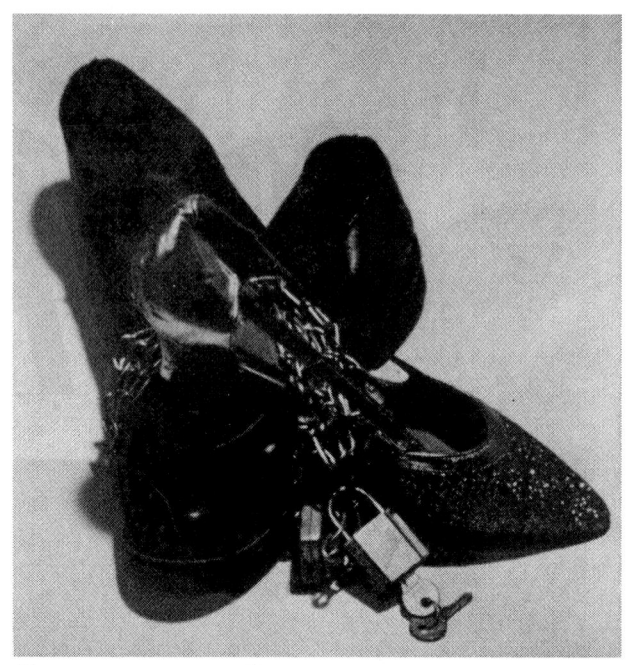

Мужские и женские туфли на замке.

Тарелка с цепями.

РАННЯЯ ЖИВОПИСЬ (1946-1947)

Возвращаясь с работы. 1946 г.

Портрет матери. 1947 г.

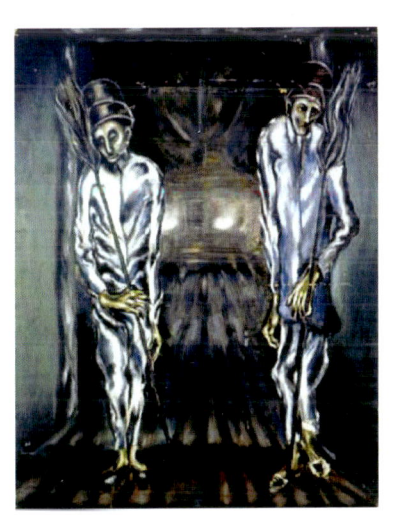

Вход. 1946 г.

Ха-ха клуб. 1946 г.

ИЗ СЕРИИ «РАСЧЛЕНЁННЫЕ ЖЕНЩИНЫ» (1947-1951)

Битва на крыше.

Голова углём.

Стриптизёрша.

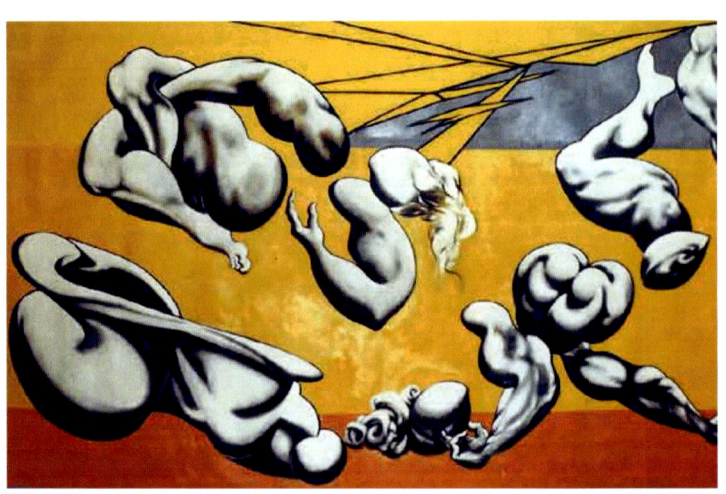

Фигуры в ванной.

Без названия. Акварель. 1950 г.

Без названия. Тушь на бумаге. 1949 г.

Без названия. Акварель и тушь на бумаге. 1946 г.

Без названия. Коллаж. 1960-е.

Без названия. Коллаж на бумаге. 1956 г.

Без названия. Коллаж на картоне. 1960-е.

Без названия. Коллаж на бумаге. 1960-е.

Без названия. Коллаж на бумаге. 1962 г.

Железнодорожный коллаж. 1962/1997 гг.

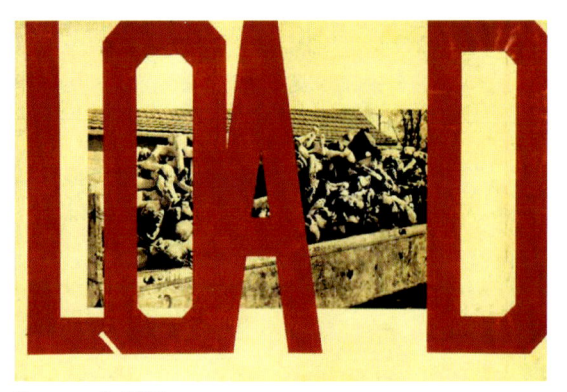

Загружай. 1971 г.

Придите. 1971 г.

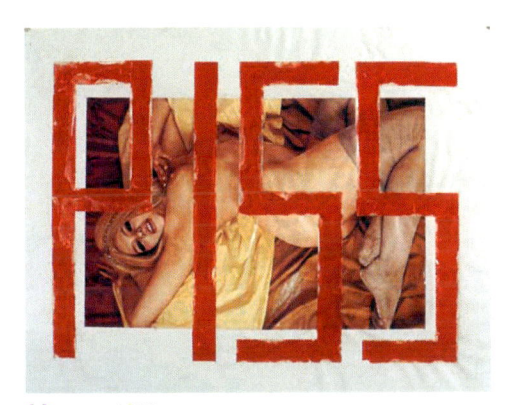

Мочись. 1972 г.

Лумумба мёртв. 1959 г.

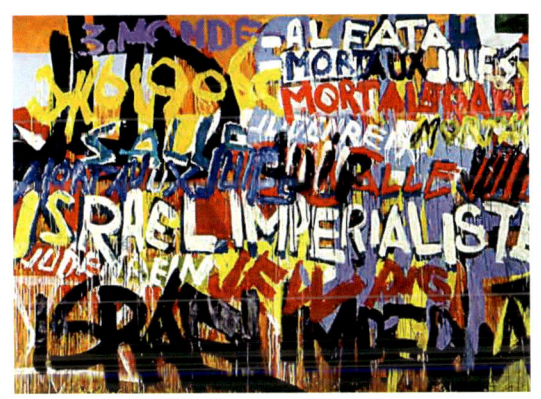

Mort aux juifs. 1970 г.

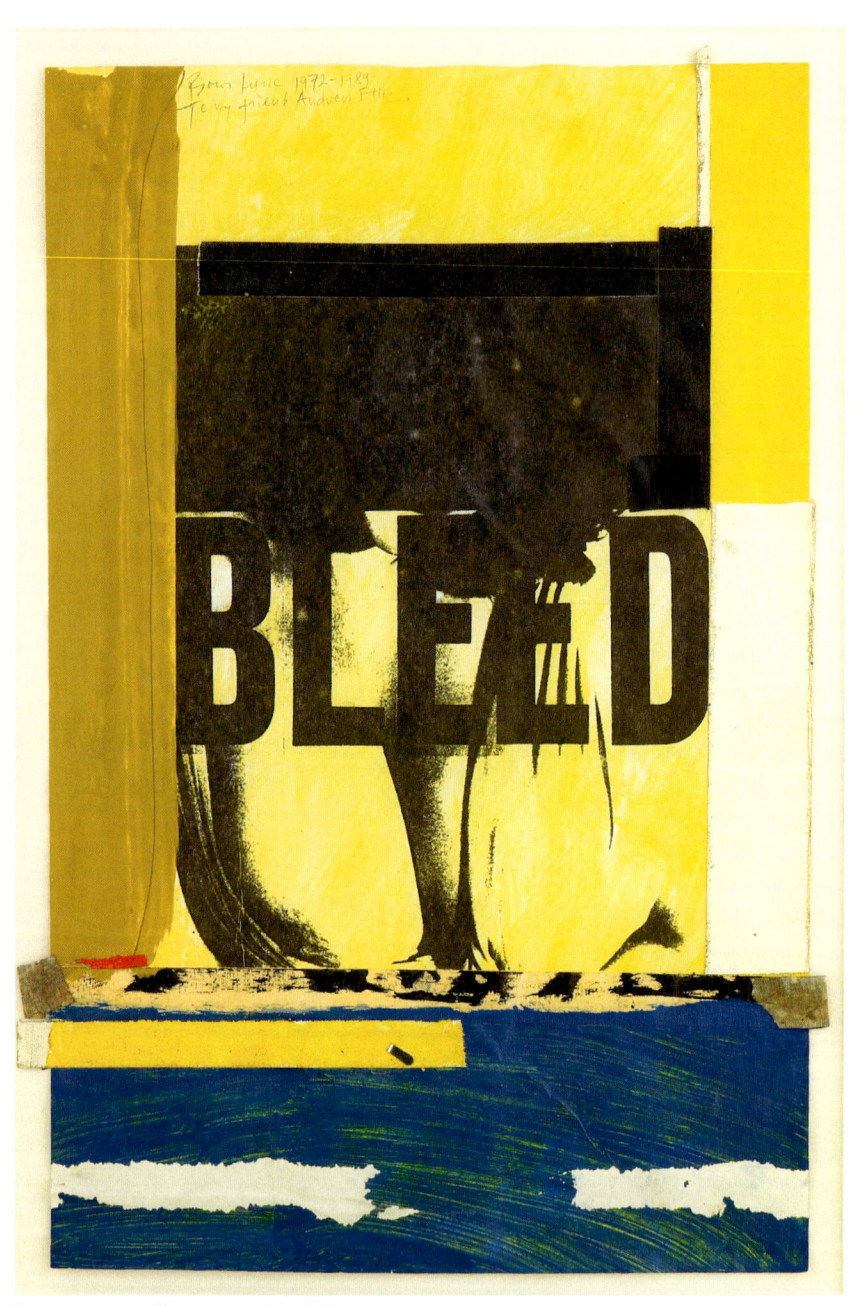

Без названия. Коллаж. 1972-1989 гг.

Без названия. Коллаж. 1970-е.

NO-ПЛАКАТЫ (1963)

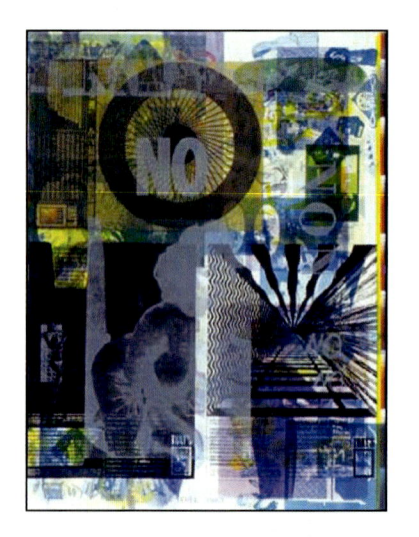

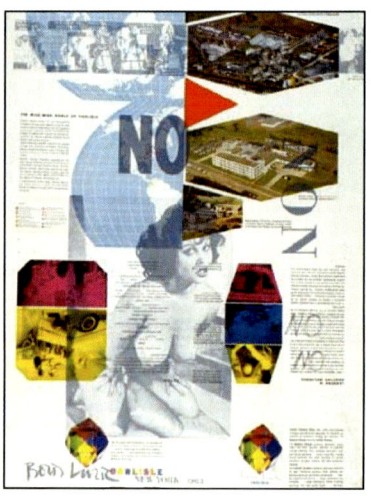

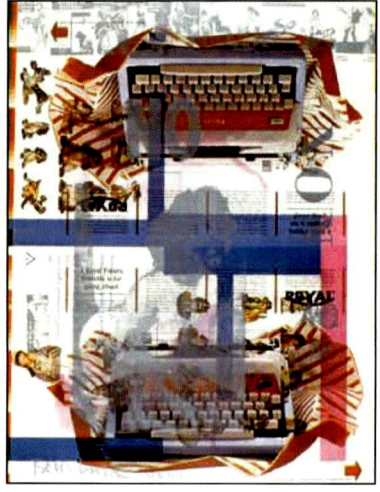

Без названия. Смешанная техника на литографии. 1971 г.

СКУЛЬПТУРЫ И АССАМБЛЯЖИ

Нью-Йорк—Румбула. 1972 г.

Визит в Румбулу. 1974 г.

Без названия. 1970 г.